誌友会のためのブックレットシリーズ 4

戦後の運動の変化について

谷口雅宣

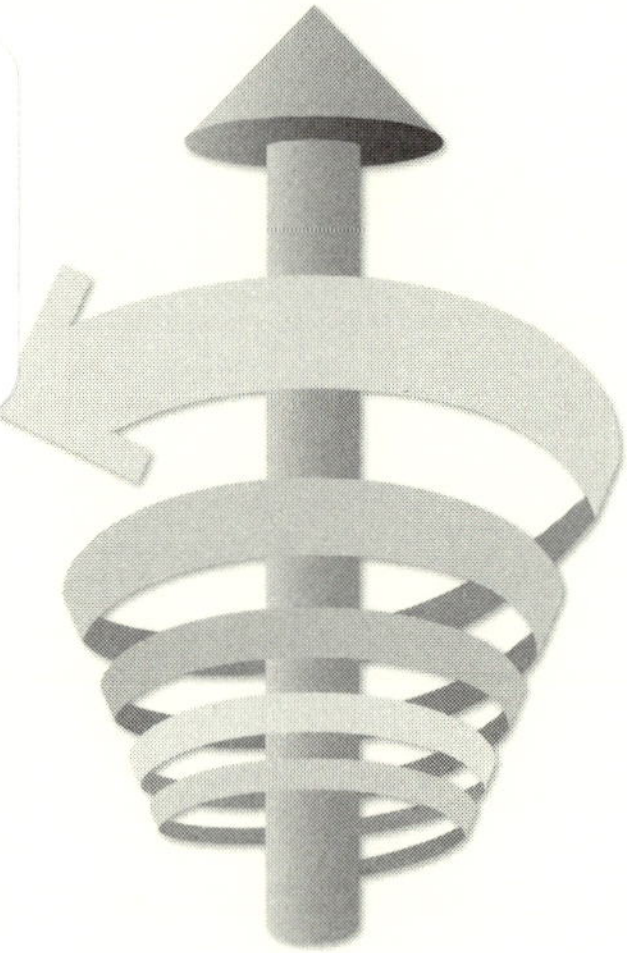

生長の家

戦後の運動の変化について／目次

はじめに

宗教は個人の幸福のためにあるか、それとも社会の発展のためにあるのか——この議論は、古くて新しい。私はそれをここで蒸《む》し返すつもりはないが、強調しておきたいのは、宗教にはこれらの二つ——個人の心への働きかけと社会へ働きかけ——という両側面があるということである。双方は等しく重要である。個人の幸福だけに注目して宗教に入り、入信後も社会と断絶した価値を追求するような信仰は、テロのような反社会的な活動につながりやすい。だから、宗教者は、自分の信仰と社会との関係に関心をもつことが重要である。本書は、この宗教と社会との関係に注目し、戦後の日本で生長の家が果たした役割について述べている。

生長の家の教えに触れて感動し、私たちの運動に参加する決意をしてくださる人の動機は様々である。この〝入信の動機〟が多様であることには、何も問題がない。それどころか、多様であることは、その宗教の幅の広さや奥の深さを示しているとも言える。しかし、入信の動機がその宗教の目的と相反《あいはん》している場合、その人の心にはしだいに葛藤《かっとう》が生まれることになる。「病気が治りたい」という一心で信仰生活に入った人は、努力してもその病気が治らないと、「この教えは効《き》かない」と考え、信仰をやめることが多い。また、「お金儲《もう》けがしたい」とか「事業を成功させたい」という動機で宗教に入る人は、その願いがかなわないと、信仰を棄《す》ててしまうことが多い。「人生に生き甲斐《いがい》がほしい」とか「自分の能力を開発したい」という動機も、似たようなものである。これらはいわゆる〝おかげ信仰〟と呼ばれ、まだ浅い段階の信仰である。が、信仰であることに変わりないから、宗教としては大抵《たいてい》、そのような人々を受け入れてくれる。が、これらは「個人のための信仰」だから、自分以外の他者や社会に善をもたらすかどうかは、疑問の余地があるのである。

谷口雅春先生が昭和七年（一九三二年）四月十日に受けられた「無相円相一切相《むそうえんそういっさいそう》の神示《しんじ》」は、自分のための〝おかげ信仰〟を戒《いまし》めて、本当の信仰への道程を示している――

吾《わ》が臨《きた》れるは物のためではない、生命のためである。肉のためではない、霊のためである。これを覚《さと》るものは少《すく》い。物の生滅に心を捉《とら》えられ、物が殖《ふ》えたときに信仰を高め、物が減ったときに信仰を失い、身体《しんたい》が健康になったときに神を讃《たた》え、家族の誰かに病気が起ったと云《い》っては信仰を失うが如《ごと》きは、神を信じているのではなく物を信じているのである。物は結局移り変るものであるから、物の御利益《ごりやく》の上に建てられた信仰は、物の移り変りによって壊《こわ》れるのである。（後略）

仏教では、自己の利益を求めて戒律《かいりつ》を守る信仰は「声聞戒《しょうもんかい》」と呼ばれ、利他を目指す菩薩戒《ぼさつかい》より低いものと見なされる。また、他者の救いよりも自己の解脱《げだつ》を求める心を「縁覚菩提《えんがくぼだい》」と呼んで、菩提心《ぼだいしん》において菩薩《ぼさつ》に劣《おと》るとされてきた。しかし、これらの声聞・縁覚の段階の人々であっても、自己と他者との障壁を超えて、より大きな悟《さと》りを得て、偉大な人生を開発する可能性は常に存在する。生長の家の運動は、その可能性を前提にして、すべての人々を受け入れ、〝個人の救い〟から菩薩への道——すなわち〝社会の救済〟へと結びつける役割を果たしてきた。

『聖使命菩薩讃偈《さんげ》』に曰《いわ》く——

殊《こと》にみずから功徳《くどく》を受くるのみならず、或《あるい》は更《さら》に進んで衆生《しゅじょう》を救済指導せんがために、それに要する堂塔《どうとう》伽藍《がらん》道場等を供養《くよう》し、或はみずから進んで神より選ばれたる聖使命を感得《かんとく》して、聖使命会員となるは、菩提心を起して己《おの》れ未《いま》だ度《わた》らざる前《さき》に、一切衆生《いっさいしゅじょう》を度《わた》さんと発願《ほつがん》修行するもの、即《すなわ》ち誠に菩薩の位に進むものにして、その功徳能《よ》く無礙《むげ》の実相、完全の相《すがた》を生長せしむる基《もとい》をひらくものなり。

この教えと伝統を二十一世紀初頭の現在に生きるためには、病気による苦しみからの脱却、自分の事業や家業の発展などの〝個人の救い〟だけを、宗教運動の目的とするわけにはいかない。それら〝個人の救い〟を視野に入れながらも、より大きな社会や国際関係、さらには地球環境全体の動向を注視し、それらが全体として〝社会の救い〟を妨《さまた》げる大きな変化に向かっているならば、自分の個人的利益を後回《あとまわ》しにしてでも、人類全体と生物界の繁栄のために努力を惜《お》しまないことが、信仰者として求められる態度である。

私たち生長の家は立教以来、このような問題意識のもとで運動を展開し、今日にいたっている。これは〝個人の救い〟を犠牲にしているという意味ではない。人間は本来「神の子」であり、肉体の別によって分離され、利害対立するような、文字通りの〝個人〟ではない。自他は実相において一体であり、人間と自然界も本来一体の存在である。だから、菩提心を起こして他を救う行為を実践する中で、個人の悩みは消え、病弊《びょうへい》までも消えていくことは珍しくない。ただ、この本来の関係は肉眼には見えないので、初心の信仰者にはなかなか分からないのである。

この本は、戦後の生長の家の運動全体が、このような対社会的、対世界的、対地球的な観点からどのように進んできたかに焦点を当てている。特に〝冷戦〟とその後の世界的変化の中で、運動がどう変わったかを描《えが》いている。だから、〝個人の救い〟に関する記述がごっそり抜けている点に、不満を感じる読者がいるかもしれない。が、この側面は実際の私たちの運動から抜けているのではなく、本書の記述から抜けているだけで、国の内外を問わず、生長の家は講習会を初め、各地の教化部《きょうかぶ》や練成《れんせい》道場、見真会《けんしんかい》や誌友会《しゆうかい》の場などで、〝個人の救い〟の根本となる「人間・神の子」の真理を伝える活動を喜びをもって展開していることを、念のためここに付記させていただこう。

本書は、私が二〇一四年に上梓《じょうし》させていただいた『宗教はなぜ都会を離れるのか？——世界平和実現のために』の第一章を構成する「運動の変化について」という文章を独立させ、統計的な数字（一四頁）で古くなったものを最新のものに更《あらた》めて主要部分とした。六六頁から約二十頁分は二〇一四年十一月、生長の家総本山で行われた谷口雅春大聖師御生誕日記念式典での私のスピーチである。このスピーチで、私は事実上、前掲書の第一章を解説している。また、前者は論文調で内容も複雑だから、硬い文章になじみにくい読者は、話し言葉で書かれた後者をまず読まれ、本書の内容の大体《だいたい》を把握《はあく》された後に、前者をゆっくり読み進まれるのも一つの方法かもしれない。

二〇一六年十二月十九日

著者記す

運動の変化について

（『宗教はなぜ都会を離れるか？』より転載）

生長の家は二〇一三年、国際本部を山梨県北杜市《ほくとし》の〝森の中のオフィス〟に移転し、業務を始めた。その経緯や目的等については、私のブログをはじめ生長の家の公式サイト、SNS（ソーシャル・ネットワーキング・サービス）などで発表され、私も『〝森の中〟へ行く』（二〇一〇年）、『次世代への決断』（二〇一二年）などの書籍で詳しく説明した。その後、職員寮の建設の遅れなどの事情から、実際の移転時期は当初予定していた二〇一三年四月から十月に延期されたが、新しい〝オフィス〟の建物はその年の春には完成した。この変化は、生長の家の歴史の中では、創始者・谷口雅春先生が神戸から東京へ移住された時（一九三四年）、そして東京から長崎へ移転された時（一九七五年）にも匹敵《ひってき》する重要度をもつだろう。これらの重要な〝節《ふし》目《め》〟の周期を調べてみると、約四十年であることに気がつく。もちろん、四十年たったら、どんな運動でも大きく変化しなければならないという決まりはない。しかし宗教運動は、周囲の世界の状況の変化に正しく対応していくべき使命があるから、変化を恐れていてはならず、必要とあれば社会に先駆《さきが》けて新たな道へと歩み出す覚悟がなければならない。

そのような決意と行動は、神の御心の表現として行われるかぎり、信仰にもとづく宗教本来の動きとも言えるのである。谷口雅春先生は『聖経 真理の吟唱』の「久遠《くおん》いのちを生きる祈り」の中で次のように説かれている——

神の無限の創造はたゆみなく継続して杜絶《とだ》えることはないのである。それゆえ、神の子の創造もまた無限につづいて中絶することはないのである。神の創造には、二度と同じものが繰《く》り返されることはない。それと同じく私たちの構想も二度と同じものが繰り返されることがないから、わたしの発想は常に潑剌《はつらつ》として新たなのである。生命は常に新たであり、自由であり、つねに過去を破壊して新たなる創造へと進むのである。（同書、一五頁）

これは何も宗教運動だけでなく、企業や事業の経営にも言えることで、変化への適切な対応の中に神の無限アイディアが表現されていくことになる。前掲書に収録された「無限の富者《ふうじゃ》となる祈り」には、これと同じ真理が個人にも適用されることが、次のように示されている——

繁栄は〝神の子〟にとって当然の付随物《ふずいぶつ》であるのである。決して私は貧しくなるなどということはないのである。自分の事業は必ず栄え、計画は必ず図《ず》にあたるのである。事に応じ、時に応じ、人に応じて、私は神に導かれて最も適切なる処置《しょち》をとることができるのである。どんなに衰微《すいび》せる事業でも、私はそれを生かすことができるのである。なぜなら繁栄の叡智《えいち》を神から私は与えられるからである。その事業が時代に適しないものであれば、私はそれを適当な方向に転じて活かす事もできるのである。神は神通自在《じんずうじざい》であるから、決して旧態依然《きゅうたいいぜん》たる陋習《ろうしゅう》に甘んじている必要はないのである。棄《す》てるべきものは棄て、切るべきものは切り、生かすべきものは生かし、転ずべきものは転じ、どんな万難《ばんなん》をも切りひらいて行きづまることはないのである。行き詰《づま》ったと見えるところに、新しく前よりも一層偉大なる使命を見出《みいだ》すのである。

（同書、二四一～二四二頁）

東京・原宿にあった生長の家本部が、山梨県北杜市の八ヶ岳山麓《さんろく》に移るということは、単純に考えれば「本部事務所の移転」にすぎないから、生長の家の運動の流れに大きな変化が起こると考えない人がいるかもしれない。しかし、雅春先生の神戸からのご上京後、約八十年ものあいだ、私たちの運動は基本的に「東京」を本拠地として展開されてきた。東京はその間、日本の政治・経済・情報・文化の中心であり続けたし、今後もそれは続くだろう。その大都会・

東京から〝森の中〟へ動かねばならない理由を考えるならば、私たちの運動は今後、これまでの政治が、経済が、情報が、文化が進んできたのとは異なる方向へ進む可能性を内包《ないほう》していることに気づいてほしいのである。それはもちろん、〝原始生活〟や〝未開《みかい》文明〟にもどることではない。私たちの目的は、すでに公表されているように、「現代人が現代の生活を営みながら自然環境と調和した生活をおくる」（「〝森の中のオフィス〟構想の基本的考え方」*1）ためのノウハウの獲得と、そういう生活の実践である。

それは決して夢物語ではない。その証拠に、建設なった〝森の中のオフィス〟は、建設業界では「日本初のZEB（炭素排出ゼロ建築物）」として注目されているだけでなく、地元・山梨県の木材（FSC認証材）を多用した大型木造建築物としても類例がない。これらの技術の開発と成果に、生長の家は何か特別な貢献《こうけん》をしただろうか。いや、そんなことはしていない。日本の企業がすでに開発ずみの技術を組み合わせただけである。私たちは、すでにあるものを利用させていただいただけだ。そこにもし何か社会への貢献があったと言えるならば、このような優れた技術を動員するための「需要を喚起《じゅようかんき》した」ことぐらいだろう。しかし、私はそのことが重要だと思う。需要がなければ、技術はあっても使われないし、使われない技術はやがて衰《すい》退《たい》してしまう。このような建物の建設とそれを取り囲む環境の整備は、世界有数の大都会・東京では、まず不可能である。少なくとも、生長の家の資金力では無理である。土地の値段の高さを初めとして、法制やインフラや道路事情などを考えても、実現はそれこそ〝夢物語〟である。「新しい文明」は、それに相応《ふさわ》しい場所から生まれるのであって、古い文明の諸制度が集約された都会から生まれる必要はないし、かえってそんな場所からは生まれないだろう。

人類の環境破壊の歴史

文明の新旧について語るには、私たちが今いる位置を、鳥瞰図《ちょうかんず》を見るように大づかみに眺《なが》めてみるのがいいかもしれない。ここで言う「私たち」とは、人類全体のことであり、「位置」とは第二次大戦以降の歴史上の位置である。この大戦が、広島、長崎への原爆投下によって終結したという事実は、きわめて象徴的だ。そこから、人間の自然破壊が本格化したからである。当時の人類にとって、自然界は、そして地球は、無限の資源とエネルギーに溢《あふ》れ、どんな大規模な人間の活動によっても破壊されず、かえって人間を束縛《そくばく》し、人間から奪《うば》い、人間の脅威《きょうい》として対峙《たいじ》する存在だった。ところが、その状況は、戦後半世紀を迎えるころから変わってきた。〝人口爆発〟とも呼ばれる人類の急激な増加と、その生活と経済活動による〝公害〟の頻発《ひんぱつ》と自然破壊、とりわけ温室効果ガスの大気圏への大量排出によって、地球環境は恒久的《こうきゅうてき》に変化していくことが、夥《おびただ》しい数の科学的研究と実証データーの蓄積によって明らかになってきたのである。今や〝自然は無限〟〝地球は無限〟という考えが誤りであることは、明確になっている。

この半世紀の世界の変化を数字で見ると、どうなるか？　戦後五年たった一九五〇年の世界の人口は、約二五億三〇〇〇万人だった。これは、二〇一六年時点の人口（約七四億人）の約三分の一にすぎない。つまり戦後、世界人口は三倍に増えたのである。当然、資源やエネルギー消費は拡大した。石油の使用量は一九五〇年が四億七〇〇〇トンだったが、二〇一五年には四三億三一三〇トンへと九・二倍に拡大した。同じ時期、天然ガスの使用量は一七・六倍、石炭は三倍に膨張《ぼうちょう》した。そして、原子力発電所の増設による原子力発電容量は、一九五六年の一〇万キロワットから、二〇一六年には実にその三九二〇倍に当たる三億九一九二万キロワットにまで拡大している。また、地球の生物資源を人間の食糧とする量も大いに増えている。具体的には、世界の穀物生産量は、一九六一年から五十三年間で五倍となり、食肉生産は同じ期間に四・五倍に拡大した。水産物生産量は、一九五〇年が一九八四万トンだったのに対し、二〇一四年はその八・四倍の一億六七二〇万トンに達した。

ご存じのように、生物界を含めた自然界は資源循環型である。個々の生物種には、それぞれいわゆる〝天敵〟がいるから、ある生物種だけが繁栄して地球上を覆《おお》い尽くすことなどない。かつて大型爬虫類《はちゅうるい》である恐竜が地上を覆うほど繁栄した時代にも、哺乳《ほにゅう》動物は恐竜の陰で生き続けてきた。だから、恐竜の絶滅の後に、哺乳類は繁栄の時代を迎えたのだ。同じことは、生命をもたない鉱物についても言える。例えば、二酸化炭素の循環について、ワールドウォッチ研究所は次のように描く——

地球の大気中の二酸化炭素は、数億年というようなスパンで考えると、地殻直下《ちかくちょっか》のマントル対流によって地表に供給された炭酸塩が起源となり、一方で海の中に溶けた二酸化炭素が生物の働きによって、たとえば珊瑚礁《さんごしょう》や貝殻、骨などの炭酸塩として固定され、それがプレート運動により再びマントルに戻るという循環を続けている。もし、この固定の働きとマントルに戻す力が弱ければ、大気中の二酸化炭素分圧の上昇が続き、温室効果が効《き》きすぎて海洋は蒸発してしまったかも知れない。あるいは逆に、少しばかり強すぎた場合には、雪や氷は太陽光の反射能（アルベド）が高いので、地表面がこれらに覆われ始めると地表温度がいっそう下がり、全海洋が凍結するまで温度低下が続いていたかも知れない。

（同研究所編『地球環境データブック 2011-12』、一七三～一七四頁）

そういう微妙なバランスの上に生物は繁栄して生態系を築き、延々と安定を保ってきた中で、人類がある時期から、科学技術と欲望を組み合わせて〝自己中心的増殖《ぞうしょく》〟を始めたのである。その時期は、産業革命開始のときであるかもしれないし、二十世紀末の公害の時代かもしれない。生態系を破壊して自己増殖の道具とし、鉱物資源を掘り出し加熱して大量の二酸化炭素を大気中に排出し、森林を切り倒し、鉄道を敷き、自動車を走らせ、コンクリートと鉄で都市を構築していった。その勢いは、すでに掲げた数字が示す通りだ。これらは皆、非循環型の資源利用だから、地球の鉱物資源は減少を続け、生物多様性はどんどん失われていったのである。こうして世界人口の半分は、今や都市生活者となった。そして、この世界的な〝都市化〟の大潮流は、今後も続くと予想されている。

今、日本が直面しているエネルギー利用の選択について、多くの人はこのような〝文明的潮流〟のことまで語らない。「環境破壊を続ける人類史」という鳥瞰図《ちょうかんず》の中で、今後の人類がエネルギーをどこから得、どう使うかの議論はほとんどない。単なる原子力発電所の安全性の問題ではないのである。日本は、この大潮流の中の一部にしかすぎない。日本が自然から離れる〝都市化〟の道をさらに進めば、中国、インド、インドネシアなどの大人口を抱える国々も、同じ道を進むであろうことは十分予想できる。日本の重電メーカーは今、それらの国々に原発の技術を輸出しようとしている。それによって、世界はより安全になる、と言えるだろうか？

その答えは、「否《いな》」である。福島第一原発の〝事故〟の原因は、技術の問題ではなく、制度や人間の問題だったことを忘れてはいけない。

〝冷戦〟の大きな影響

この大きな潮流の中で、生長の家の運動はどのような役割を果たしてきただろうか？　私たちは、戦後まもなく始まった〝冷戦〟というイデオロギー対立の時代には、明確に自由主義陣営の側に立った。それは、生長の家が元来「自由」を重んじる宗教であるから、当然といえば当然である。しかし、自由主義陣営を率いるアメリカは、同時に、「自由貿易」の旗印のもとに物質主義的な経済発展を推進する国でもあった。同国は多様で有能な人的資源に恵まれ、広大で肥沃《ひよく》な国土をもち、資源も豊富で、〝超大国〟の一翼を担《にな》う強大な軍事力を擁《よう》していたから、敗戦国・日本は、同国のほぼ言いなりになる〝親米路線〟を外交政策の基本としてきた。それは、具体的には、日本国内にアメリカの軍事基地を受け入れ、コストの多くを負担して〝不沈空母《ふちんくうぼ》〟となるだけでなく、国際政治の舞台ではアメリカの政策を支援することであり、日本の技術や経済力をアメリカに提供することだった。もちろん、その代わりに日本が得たものは、日米安保条約による国の安全である。また、市民レベルでは両国間の理解と交流はかなり進展した。

この両国関係は長年継続したから、それを採用し続けた自民党は長期政権を維持することができた。しかし、その反面、ベトナムなどでのアメリカの戦争に対して基地を提供し、それにまつわる様々なコストを負担することと、それら戦争の正当性との矛盾《むじゅん》が拡大してくると、日本国内には〝反米〟の形でナショナリズムが噴出することになった。これが、戦後日本特有のナショナリズムの〝ねじれ現象〟である。奇妙なことだが、他国においては国家《ナショナル》の枠組みを超える思想を標榜《ひょうぼう》してきた〝左翼〟勢力が、わが国では公害問題や米軍基地反対運動などを通して、ナショナリズムの受け皿となってきたのだ。もちろん、いわゆる〝右翼〟勢力がナショナリズムを表明しなかったわけではない。しかし、右翼のナショナリズムは自民党政府の「親米路線を妨《さまた》げない」という条件によって制約されていた。言い換《か》えると、良好な日米関係にとって有害なナショナリズムは、政権与党によって抑圧《よくあつ》されてきたのである。自民党が、「自主憲法制定」を党是《とうぜ》としながらも、冷戦中、政権党であるあいだは改憲に真面目《まじめ》に取り組もうとしなかったのは、このことを有力に証明している。

左翼の反米運動がナショナリズムの要素を含んでいることは、谷口雅春先生も気がつかれていたが、それは「冷戦」という特殊事情下の人為的操作によると考えておられた。別の言葉でいえば、当時「新しき愛国心」と呼ばれた反米ナショナリズムは、冷戦を勝ち抜く手段として〝左翼〟とその背後にいる社会・共産主義国が利用しているもので、〝真の愛国心〟ではないと考えていられたのである。

（前略）「新しき愛国心」は、表面なかなか反撃の余地のないほど堂々として立派なものでありますが、その根本は、西欧的な「個人」の幸福主義に立脚しているものであります。換言《かんげん》すれば個人の自由と幸福ほど尊いものはない。人類といえども、実は個人の集団であるという考えを基礎としています。彼らが人類愛というのは、個々の人間が自由と幸福とを確保することを得せしめる社会をつくるように行動し又は意志することであって、個人の幸福と自由とを縛《しば》るような国家というものは不要であるという考えを内部に有《も》っているのであります。新しい愛国心とは、「愛国心」といいますものの、実は「国家というものは不要である」という国家抹殺《まっさつ》の考えにリードされていながら「愛国心」という美名によって、愛国者を既存国家の破壊の方向に導いて行こうとするのであります。

（『第二青年の書』、一九五九年初版、一四七～一四八頁）

しかし、「個人の幸福と自由とを縛るような国家というものは不要であるという考え」は、何も社会主義や共産主義の専売特許ではなかった。「西欧的な個人の幸福主義」は、アメリカ合衆国の建国の精神にも含まれている。だから、そのアメリカが〝押しつけた〟憲法を温存し続けることは〝真の愛国心〟にもとるということになる。

明治憲法復元に向けて

こういう認識を前提として、生長の家創始者の谷口雅春先生は、「大日本帝国憲法復元改正」という改憲論を唱《とな》えられた。右翼のナショナリズムとしては、類例のないドラスチックな現状変革の方策である。自民党が考えていた〝自主憲法〟は、基本的には現行憲法の改正条項に従って、その精神を尊重したままの条文改正であるが、雅春先生はあくまでも「明治憲法復元論」を正当とされた。その理由は、現行の日本国憲法がアメリカ占領下に〝押しつけられた〟ものであり、日本国民の自主性が反映されていない、と考えられたからである。だから、アメリカの関与がなく、日本人だけで起草され、決定され、敗戦時まで施行されていた大日本帝国憲法を一旦《いったん》復活させ、それの条文改正によって、本当の意味での〝自主憲法〟が生まれると考えられた。ただし、明治憲法のどの条文をどう改正して、戦後日本の自主憲法とすべきかということについて、雅春先生はあまり語っておられない。これに関して特に重要なのは、明治憲法が軍の統帥権《とうすいけん》を政府と切り離して天皇に直属させていた点であり、これが軍の暴走を政治家が食い止められなかった大きな原因の一つであるという歴史的な評価を、先生がどう捉《とら》えておられたかは不明である。

そういう軍隊に関して、先生は必ずしも否定的でなく、逆に「現憲法第九条は自衛権も否定しているから破棄すべきもの」と考えられていた。つまり、軍隊はもつべきだと考えていられたのだ。ところが歴代の日本の（自民党の）首相は、「日本国憲法第九条は自衛権を否定していない」という解釈を打ち立て、それを維持することで、自衛隊を実質的に軍隊と同等の戦力をもつ規模にまで拡大してきた。この点で、雅春先生とは意見が異なっていた。

雅春先生が現憲法に反対された理由は、「戦争放棄」を定めた第九条に問題があると考えられたからだけではない。前文を含む日本国憲法の精神全体について、それが日本の伝統を否定し、〝唯物論的民主主義〟を謳歌《おうか》する内容だと考えられたからである。先生は、議会制民主主義の考え方そのものについても、疑問を抱いておられ、時に歯に衣《きぬ》着せぬ批判をされた。それは、例えば次のようにである——

国民主権と議会制民主主義との間には根本的に矛盾が存在しているのである。国民ひとりひとりに主権があり、思想の自由、行動の自由、言論の自由、表現の自由が憲法の条項の上では許されているけれども、国民ひとりひとりはことごとくその物の考え方が異《こと》るし、従ってまた思想も異り、その希望するところも異り、その希望を自由に表現しようと思うならば、必ず他の人々の希望の実現と衝突する事実にぶつからざるを得ないのである。だから国民主権などというものは、単に絵に描いた餅《もち》みたいなものであって、実際には食べられる餅ではないのである。

だいたい議会制民主主義によって国民ひとりひとりの主権の行使を国会に於《お》ける代議士に委託しても、それによって自分の意志のように政治が行われる希望はほとんどないのである。

（『占領憲法下の日本』、一九六九年初版、四九～五〇頁）

先生は、家の制度の廃止を嘆《なげ》かれ（『続 占領憲法下の日本』二八～二九頁）、教育勅語の復活を望まれ（『美しき日本の再建』、一六二～一六八頁）、忠孝《ちゅうこう》の精神の復活を唱えられ、「両性の合意のみ」（日本国憲法第二十四条）で結婚が行われることに反対された。これら戦後日本の諸制度の問題に関する当時の先生の著書の中には、『諸悪の因 現憲法』（一九七二年刊）という題名のものもあったほどだから、先生の現憲法否定がいかに全面的であったかが推察できるだろう。それゆえ、現憲法を温存《おんぞん》して解釈だけで国の自衛権を認め、自衛隊の武力を拡大していくやり方では、先生のお考えでは、戦後日本の諸問題は何も解決しないどころか、現憲法の〝唯物論的民主主義〟を日本社会が維持し続けることになる。

とにかく、生長の家は、このような考え方にもとづいて「大日本帝国憲法復元改正」を最終的な目標として、生長の家政治連合*2（生政連）を結成（一九六四年）し、政治活動を展開した。

しかし、この運動は、生長の家の代表をできるだけ多く政治の舞台に送り出すのが目的だから、日本のどこかで選挙があるたびに、生長の家の信徒は政治運動に駆《か》り出され、真理や信仰を伝えるのではなく、政治目標を説いて回ることになる。そのためには新たな資金も人材も時間も必要となり、宗教活動はしだいに政治活動に従属《じゅうぞく》していったのである。そして、国会において生長の家が進めていた優生保護法改正[*3]がかなわず、加えて参院選でも生長の家代表候補が落選したことを受けて、一九八三年七月、生政連の活動は停止され、「今後は教勢拡大にむけて全力をそそぐこと」が決定された。もう三十年も前のことであるが、私たちの運動史の中のこの〝政治の季節〟に体験した高揚《こうよう》感などが忘れられず、その頃の運動に帰りたいと思う人々は、少数だがまだいるようである。

〝政治の季節〟の終焉《しゅうえん》

さて、約二十年におよぶ〝政治の季節〟であったが、その中で私たちが行ったことはムダだったのだろうか？　私は決してそう思わない。この頃は、日本の現代史ではいわゆる〝六〇年安保〟から〝七〇年安保〟に至る政治混乱の時代だが、東西の冷戦を背景として、日本国内は政治的に真っ二つに割れていた。そして、政治的な国民組織としては〝西側〟（政権党側＝

親米派）は劣勢に立たされることもあったのである。今では想像も難しいが、火焔《かえん》ビンと鉄パイプで武装した学生たちと警察の機動隊とが街頭で衝突し、死者が多数出るような事態に至っていた。有名大学はほとんど左翼の学生によって封鎖され、学問は不能となり、歩道の敷石は学生達の投石用にはがされていた。そんな中で〝暴力学生〟の誤りを正面から批判し、国としてどう対応すべきかの方策を理論的に説かれたのが、谷口雅春先生だった。また、日本の文化・伝統が西洋に比べて決して劣るものではなく、むしろ優れた点を多くもつことを指摘され、〝右側〟の人々に自信と勇気を与えられたのも、雅春先生だった。その意味では、生政連や当時の政治運動は臨機《りんき》の対応としては必要であり、重要な役割を果たしていたと言える。

しかし、宗教本来の目的である「真理の宣布」が阻害《そがい》されるような政治活動は、改めなければならない。また、〝東西冷戦〟の終結に伴《ともな》い、世界を動かす大きな枠組みが変われば、宗教運動も当然、変わるべきところは変わらなくてはならない。こうして、生長の家の運動も、日本の政治状況の変革を目的とした「政治」色の強いものから、「信仰」の大切さを強調する信仰運動へと徐々に変化していったのである。ひと言でいえば、この「運動の変化」を実行されたのが第二代総裁、谷口清超先生だった。[*4] 清超先生は、そういう変化が必要であることを副総裁のときから明確に意識されていて、一九八五年十一月二十二日の生長の家総裁法燈継承の記念式典において、「自分は雅春先生の教えの一言一句を繰り返して説くことはしない」と明言された。私はこれまでも、このことには何回も触れてきたが、重要なことなので清超先生のお言葉を、再びここに引用する――

世の中には、「継承」ということを何か誤解している方もいらっしゃいまして、谷口雅春先生のお説きになった一言一句をその通りまたくり返しお伝えするのであろう、かの如《ごと》く思われる方もおられるかもしれませんが、実はそういうものではないのであります。つまり、教えの神髄の不立文字《ふりゅうもんじ》をお伝え頂き、それを継承するということでありまして、（中略）真理というのは、その時その時に応じて色々な相《すがた》をもって展開されねばならない。そこがイデオロギーや運動方針とは違います。イデオロギーならば色々と文字に書きあらわすこともできるかもしれないが、それは「真理そのもの」とは違うのです。そこの所をよく諒解《りょうかい》していただかないと、過去の歴史を繰り返せよということを、相承《そうしょう》と思い違えたりする。この点は皆さんにも充分ご理解いただく必要がある。そしてこれからの運動はやはり中心帰一の原理を説く生長の家の運動でありますから、中心帰一を守りつつ大いに大々的に展開していきたいと念願している次第であります。

（『新編　聖光録』、二九六～二九八頁）

さて、このようにして大急ぎで生長の家の運動に関わる現代史の一期間を振り返ってみると、私たちが今いる位置がより鮮明になってくる。この時期には、人類の環境破壊と冷戦とが〝車の両輪〟のように進んだのである。人間が自然界を道具とし、自然界から奪うことによって幸福が訪れるという物質主義的幸福論が、米ソ両超大国に共通して存在した。それと共に、イデオロギーの異なる者同士の共存は不可能だとの共通認識があった。この二つの考え方から、「地球」という一定の〝パイ〟を目の前にして、そのどれだけ大きな部分を自国の勢力範囲におさめるかの争いが起こった。ところが、かつての世界史と異なる点は、大戦後まもなく核兵器という〝究極の兵器〟が開発されてしまったことだ。このため、一時代前ならば戦争によって決着がついたこの種の争いが、そうできない時代に入っていた。そこで米ソが何に訴えたかというと、それは直接には核兵器を用いない〝総力戦〟だった。すなわち、両超大国は軍事力のみならず、政治力、経済力、技術力、情報力、学問、文化、スポーツ……などすべての面で相手と対峙《たいじ》し、相手を圧倒することで、自国の安全を保障しようとした。核兵器のナイフを相互に相手の喉元《のどもと》に突きつけながら、これをやるのである。それが冷戦である。人間の心がつくり出した恐怖と競争の牢獄《ろうごく》である。「敵対勢力の圧倒」が何にもまして優先されれば、当然のこととして、自然界は冷戦を戦うための道具と化してしまう。こうして公害問題は深刻化し、水力、火力、原子力の発電所は競って増設され、そこでの事故も起こることになった。

冷戦の終焉

ところが、一九八九年の〝ベルリンの壁の崩壊〟をきっかけにして、この世界的枠組みである〝冷戦構造〟は崩壊していくのである。思想や経済の統制によって相手を圧倒しようとしていた社会主義・共産主義のイデオロギーは敗北し、思想・経済の自由を重んじた自由主義・民主主義の考え方が世界の〝共通通貨〟になっていった。だから、各国において、〝仮想敵国〟をつくって相手を力で凌駕《りょうが》することに専念する必要は薄れていった。すると、それまでは冷戦という〝大きな争い〟のために抑圧されてきた、様々な〝小さな争い〟――その多くは、古い植民地主義の遺産が背景にある――が表面化することになる。それらは民族対立であり、宗教対立であった。こうして湾岸戦争（一九九〇～一九九一年）が起こり、ユーゴスラビア紛争（一九九一～二〇〇〇年）が戦われ、イラク戦争（二〇〇三～二〇一〇年）が行われた。また、これに絡《から》んで、稀少《きしょう》資源の獲得競争も激しさを増していったのである。

日本国内に目を向けると、しかし従来と同様の左右の政治的対立が依然《いぜん》として続いていた。〝左翼〟の親玉であるソ連が崩壊し、中国も実質的に資本主義を受け入れているにもかかわらず、共産主義や社会主義から派生した政治勢力は日本の国会に一定数の議席を占めていた。しかし、もはや〝左側の唯物論〟からの脅威が消失したことは明らかだった。その代わり、〝右側の唯物論〟が世界を席捲《せっけん》しはじめたのである。〝右側の唯物論〟とは、多国籍企業の発展や金融・資本のグローバル化の背後にある一つの考え方を指している。私はここで、すべての多国籍企業、すべての国際金融機関が唯物論に根差していると言っているのではない。が、これらの企業・機関の行動原理が「利潤《りじゅん》の追求」であり、時にそれしか考慮されないかぎりにおいて、企業活動の倫理や、労働者の人権への配慮がないがしろにされる事例（例えば、ナイキのアジアの工場での若年労働者雇用）が数多く指摘されてきたし、最近でも指摘されている（例えば、アップル社の製品を作る中国人労働者の待遇等）。また、自然破壊や温室効果ガスの排出などの環境倫理については、ほとんどの企業はイメージ戦略の一部として捉《とら》えるのみで、自らの利潤追求の目的を優先させているのが現状である。

自然から奪うグローバル化

こういう中で起こっているのが、当初の予想を上回る速度で進んでいる地球温暖化と気候変動である。技術革新にともなうグローバリゼーションの進行は、地球上の距離と時間を事実上減らす方向に進んでいるから、経済の分野では、先進国の産業の重要な一部が人件費や土地の安い途上国へ移行する動きを生み出している。いわゆる経済の〝空洞化《くうどうか》〟である。これによって、途上国の経済が発展し、国民の生活レベルが向上するという〝光明面〟は確かにある。しかし、エネルギー消費に注目すれば、先進国から途上国へと工場が移転しただけでなく、途上国での人々の生活レベルの向上によってエネルギー消費も増加するから、地球全体では技術革新が温暖化を促進する結果となっていると思われる。また、製造業の多くが海外へ流出しつつある先進諸国では、スキルを持たない労働者が大量に失業する現象が起きており、スキルのある労働者との〝格差問題〟が深刻化している。そんな中で、日本では〝人口の高齢化〟と〝地方の過疎化〟が進んでいる。このような社会状況は、道路や橋などのインフラ整備で問題が簡単に解決するとは思えない。

世界人口が七十億を超えた中で、人々の経済レベルが全体として向上し、資源・エネルギーの消費が増大して自然界の安定性を破壊しつつある時、問題の解決を従来同様の公共投資や経済発展で切り抜けることはできない。それは、かえって地球温暖化と気候変動の〝火〟に油を注ぐことになる。自然界を犠牲にして、人間だけが発展したり、幸福になることはできない。このことが実感として理解できる人間がいるあいだは、人類の自然破壊にはまだブレーキがかかるだろう。しかし、世界人口の半分が都市に住むようになった今から後は、子供の頃に自然の中で遊んだ記憶をもつ人々が急速に減っていくだろう。幼い頃、自然との切実な触れ合いを経験しない人間は、自然の破壊や自然からの略奪《りゃくだつ》に心の痛みを感じない。それでいて、都会では孤立し、他を傷つけて自分も傷つき、アトピーを発症《はっしょう》し、精神の安定を得ることができない。すべてを「買う」ことによってしか得られない人たちは、鉛筆を削れず、リンゴの皮をむけず、動植物の名前を知らず、ロープを結《むす》べず、ノコギリを使えない。そういう人間が増えることを〝経済発展〟といい〝幸福の増進〟と考える政治家がいたとしたら、その人はどうかしているのである。

私たちは今、人間が自然から奪うことによって幸福が訪れると考える物質主義的幸福論に別れを告げなければならない。「奪うものは奪われる」という心の法則によって、人類が自然災害の犠牲になるケースが増えていることに気づかねばならない。ゲリラ豪雨や山地の深層崩壊、竜巻の襲来《しゅうらい》、そして東日本大震災を経験してもなお、「自然を征服することで人間は幸福になる」との夢を見続ける生活から脱し、自然との一体感を回復し、「自然との大調和の中にこそ幸福がある」とのメッセージを伝える時機に来ているのである。それは古いながらも、人類に光明を与える福音《ふくいん》であり、エネルギーや資源の奪い合いから人類を引き戻す平和の運動である。私たちの運動は、こうして発祥《はっしょう》以来、対象や方法は変化しても、「人類光明化」と「大調和の実現」という目標を変えることなく、時代の要請に応《こた》えて力強く進もうとしているのである。

鎮護《ちんご》国家から世界平和へ

このような世界情勢の理解と分析を前提として、生長の家の国際本部は二〇一二年十一月に「運動の変化」を意味する次のような三つの方策を決定した。

①生長の家総本山の祭祀《さいし》の重点を「鎮護国家」から「世界平和」へ移す。
②運動年度を国際的に統一し、従来の行事を整理し、〝森の中のオフィス〟の中・長期的ヴィジョンにあわせて新しい行事を導入する。
③世界平和実現に必要な「万教帰一《ばんきょうきいつ》」の象徴として、神像を国際本部に移設する。

この変化を説明するためには、世界と国内情勢の変化、それに伴う過去の運動の方向性について、もう少し詳しく述べなければならない。

谷口雅春先生ご夫妻が東京から長崎へ移住されたのは一九七五年（昭和五十年）一月十三日で、その後、ご昇天まで約十年間を雅春先生は長崎・西彼町《せいひちょう》で過ごされた。その間、一九七八年（昭和五十三年）十一月二十一日に龍宮住吉本宮《りゅうぐうすみよしほんぐう》の鎮護国家出龍宮顕斎殿《しゅつりゅうぐうけんさいでん》が落慶《らっけい》し、この時、生長の家九州別格本山は「生長の家総本山」に改称された。そして、一九八一年十一月には同霊宮《れいぐう》が落慶するとともに、生長の家温故《おんこ》資料館も完成した。さらに、翌年九月には「七つの燈台《とうだい》」が完成した。

先生ご夫妻が長崎に移住された頃は、東西冷戦は〝デタントの時代〟*5（一九六九～一九七九年）から〝新冷戦〟*6（一九七九～一九八五年）に向かっていた。ベトナム戦争（一九六五～一九七三年）は終っていたものの、一九七九年のソ連によるアフガニスタン侵攻によって東西関係は再び悪化し、一九八〇年にモスクワで行われたオリンピックを西側諸国はボイコットした。これに対して東側は、四年後のロサンゼルス・オリンピックをボイコットした。しかし、この頃から、東西の二陣営に対して、〝第三の勢力〟が国際政治に影響力を及《およ》ぼし始めるのである。それは「イスラーム原理主義」である。アフガニスタンでは、ソ連軍の強大な兵力によっても、アメリカの援助を受けた「ムジャヒディーン」の抵抗運動は長期にわたって継続し、これがソ連の財政状況を悪化させて、間接的に冷戦の終結とソ連の崩壊に結びついた。また、一九七九年に起こったイラン革命では、冷戦のもう一方の〝首領《しゅりょう》〟であるアメリカの大使館が一年以上も占拠され、大使館員救出のための米軍の介入も失敗した。イラン革命の一年後、米ソに支援されたイラクがイランと衝突するイラン・イラク戦争が勃発《ぼっぱつ》。一九八七年には、これに米軍が介入したが結局、勝敗は決まらなかった。

冷戦の終結は一九八九年である。この年、ソ連は泥沼《どろぬま》のアフガンから完全撤退し、世界での影響力が急速に衰《おとろ》えていく。ポーランドではポーランド統一労働者党が失脚《しっきゃく》して政権が交代し、ハンガリー、チェコスロバキアでも共産党体制が崩れ、夏には大量の東ドイツ国民が西ドイツへ脱出した。これが、十一月九日の〝ベルリンの壁崩壊〟につながるのである。また、ルーマニアでも革命が勃発し、ニコラエ・チャウシェスク大統領夫妻は射殺された。そして一九八九年十二月には、地中海のマルタ島で、ソ連のゴルバチョフ書記長とアメリカのジョージ・H・W・ブッシュ大統領が会談し、冷戦の終結が宣言された。

すでに述べたことだが、生長の家が政治団体まで結成して〝反左翼〟の運動を大々的に展開した最大の理由は、冷戦の影響による国内の〝東西対立〟――共産主義・社会主義陣営と自由主義陣営の対立――により、日本社会が騒然《そうぜん》となり、治安状態も悪化して、一時は〝暴力革命前夜〟の様相を呈《てい》したからである。このような社会状況の原因を、谷口雅春先生は戦後、アメリカによって押しつけられた〝占領憲法〟にあると考えられた。先生は、日本国憲法が規定する「国民主権」や「戦争放棄」を温存したままでは、〝唯物論的民主主義〟が跋扈《ばっこ》し、日本国家は東側陣営の内外からの攻撃に耐えられないと危惧《きぐ》されたのである。だから、その憲法を日本の首相が「無効」と宣言し、明治憲法を一旦復元することによって「天皇主権」を回復し、国防と治安を強化することで〝赤色革命〟の危機から脱しようとされたのである。この危機感のゆえに、「鎮護国家」という言葉が採用されたと思われる。

鎮護国家の意味

そもそもこの言葉は、仏教経典である『金光明経《こんこうみょうきょう》』に由来する。その意味は、「天変地異や内乱、外敵の侵入にあたって、仏教経典を講読祈願したり、真言密教《しんごんみっきょう》による秘法を行って国家を守護することをいい、広く仏法によって国家を護《まも》る」（平凡社『世界大百科事典』）ことが意図《いと》された。仏教が中国に伝わり、教団勢力が大きくなると、国家がこれを保護・統制し、利用することになった。特に南朝末の陳《ちん》の文帝は、『金光明経』四天王品《してんのうほん》にもとづく鎮護国家思想を表明した。また、隋《ずい》・唐《とう》時代には、大興国寺《だいこうこくじ》、大安国寺《だいあんこくじ》、鎮国寺《ちんこくじ》などの名称で寺院が建立されたことは、仏教と国家との密接な関係を示している。日本では東大《とうだい》・西大《さいだい》二寺、延暦寺《えんりゃくじ》や東・西寺が同様の考えのもとに建てられ、永平寺や安国寺も鎮護国家の思想から建立された。生長の家は、この仏教思想を神道形式の龍宮住吉本宮に導入したという点で、万教帰一の本《ほん》領《りょう》を発揮したと言える。

しかし、すでに見てきたように、〝左翼思想〟や社会・共産主義国家（左側の唯物論）から日本の国を護るという意味では、冷戦の終結によって脅威が薄れたことは否《いな》めない。では、それ以外の何からの鎮護国家であるかと考えれば、それは〝占領憲法〟を押しつけた〝西側の唯物論〟からの安国であり、鎮国であったと思われる。しかし、これも自民党が日米安保条約とその恩恵としての経済成長路線を堅持《けんじ》する方針を貫いていたため、生政連活動を通して自民党を支持してきた生長の家は、日本国憲法を〝諸悪の根源〟と呼びながらも、〝西側の唯物論〟（アメリカ）を敵視し、さらには排除することは論理矛盾を引き起こし兼《か》ねず、徹底することができなかった。また、そのような〝反米〟や〝反資本主義〟の旗印は、逆に〝左翼〟の側が握《にぎ》っていたから、「反左翼」を鮮明に打ち出していた生長の家には、政治的に採用できないスローガンだった。さらに言えば、生長の家はもともと「大調和」の教えだから、本当の意味ではその必要はなかったのである。こうして冷戦終結後、運動の中での「鎮護国家」の意味合いは具体性を失い、しだいに抽象化していったのである。

だから、冷戦終了後二十年以上経過してから、生長の家総本山の祭祀の重点を「鎮護国家」から「世界平和」へ移すとの決定が行われたことは、遅《おそ》きに失《しっ》したとも言えるのである。

生長の家の「鎮護国家」

もちろん、この二つの目標は相《あい》矛盾するものでは必ずしもない。事実、谷口雅春先生は、龍宮住吉本宮における「鎮護国家」の意味を、日本国の安泰《あんたい》や日本国内の安寧《あんねい》だけに限定されてはいなかった。それよりもむしろ、「日本を通して世界平和を実現する」という強いご誓願《せいがん》を込められていたのである。そのことは、同本宮の落慶大祭のとき先生が唱《とな》えられた「鎮座降神詞」の中に明確に表現されている。同本宮の御神体《ごしんたい》は「護国《ごこく》の神剣《しんけん》」であるが、この「護国」とは、日本国家を外敵や外国思想から護《まも》るという意味では必ずしもないことが、祝詞《のりと》の次の文章を読めば分かるだろう――

掛《か》けまくも綾《あや》に畏《かしこ》き住吉大神《すみのえのおおかみ》、龍宮実相世界の天津御座《あまつみくら》より、此《こ》の瑞《みづ》の御殿《みあらか》龍宮住吉本宮の、御神座に奉安し奉《たてまつ》る。

ここに〝護国の神剣〟に、大神の尊き神霊《みたま》を天降《あまくだ》し給《たま》ひて鎮座《しづまりま》してこの神剣を世界平和の核《かく》として、この神剣より世界全部に輝くところの平和の霊光を発し給ひて、まことに地上に天国を創造《つくり》給へと請ひ祈《この》み奉《まつ》らくと白《まを》す。(後略)

(『生長の家』一九七九年二月号、三三頁)

この祝詞の文章には、左翼思想を表す「赤き龍《たつ》」とか「唯物思想」などの言葉がないどころか、「日本国」や「わが国」など、日本を表す言葉も一切含まれていない。そのうえ、「護国の神剣は世界平和の核」であるとの明確なメッセージで統一されている。同じ祝詞の後半の文章には、次のような箇所もある――

今ぞ護国の神剣に天降《あも》りましたる住吉大神の神霊《みたま》より平和の霊光世界全部に広がりまして、洵《まこと》に地上に天国は創造せらる。明日より、凡《すべ》てのことは浄《きよ》まりまして、世界は別の姿を現すのであります。有難うございます。有難うございます。
（同誌、同頁）

もちろん、「護国」の二文字は「神剣」の修飾語として使われているから、ここには「現象としての日本国家を外国から護る」という意味合いが含まれていると解釈することはできる。しかし、その反面、御神体が「剣《つるぎ》」であって「刀《かたな》」でないことの意味を、雅春先生は何回も語られてきた。それを思い起こすと、私たちは生長の家の運動が日本国家の独自性の擁護《ようご》などというナショナリスティックな狭い目標に限られていないことに気づくはずである。

このような指摘は、生長の家が生政連運動を推進していた頃の谷口雅春先生のご文章を記憶している人々には、恐らく意外に感じられるかもしれない。しかし、「鎮座降神詞」に込められた先生の最大の願いは「世界平和」だったということは知っておくべきである。

「護国の神剣」は両刃《もろは》の剣《つるぎ》

また、一部の読者は、「護国の神剣」が龍宮住吉本宮の御神体なのだから、その「護国」とは、最終的には世界平和を目指しているといっても、その前提として「日本国を護る」という意味があり、それが最優先されると解釈されてきたかもしれない。が、これに関しても、現象としての日本の国の防衛が私たちの運動の最優先課題ではないことを知らねばならない。谷口雅春先生は、「護国」という言葉の次に来る「神剣」の意味を解釈されて、それが「刀《かたな》」ではなく「剣《つるぎ》」である点に注意を喚起されている――

〝剣〟は〝片無《かたな》〟(刀)ではないのであって、敵を切るために、敵に向う一方にのみ刃がついていないで、自分に向う側にも刃がついていて、真ならざるもの、美ならざるもの、善ならざるものがあれば自分をも切るのが、剣のハタラキであります。これが地上に平和をもち来《きた》らし、最後の審判《しんぱん》によって、新しき天と地とをもち来《きた》す住吉の世界を創造する神剣のはたらきである。

(『神の真義とその理解』、二〇六頁)

両刃《もろは》の剣《つるぎ》はそれを使うとき、使う側の人間をも切る――この解説は大変重要である。これを国家のレベルで表現すれば、どうなるだろう？　それは、〝護国の神剣〟といえども、一国が神の御心に反する行為をした場合、この剣は自国をも切るということだ。国家の現象的行為のすべてを容認しつつ、敵の攻撃から自国を護るという意味ではない。現象の国家としての日本が戦争をした場合、それがどんな目的で行われ、またどんな手段で戦われても、その戦争に日本が勝つことによって真の世界平和が実現するなどという意味ではないのである。

大東亜戦争における日本の敗戦の年、一九四五年十一月二十七日に谷口雅春先生に十年ぶりに下った神示（終戦後の神示）には、戦前の日本の軍事優先の考え方が間違っていたため、「負けたのも仕方がない」と明確に書かれている――

キリストはわれわれの別名であるから、キリストを押し込めたのが可《い》かぬのである。陸前《りくぜん》の鹽《しお》釜《がま》神社でも香取鹿島の神を正面にして、鹽釜の神を傍《かたわら》に押し込めてある。軍国主義の神を正座に置いて、平和の神を別座に一段下におとしてあるのが今までの日本の姿であったのである。このような状態では日本が負けたのも仕方がない。（中略）

まだ日本の真の姿はあらわれていない。今は伊邪那岐神《いざなぎのかみ》の禊祓《みそぎはらい》のときである。伊邪那岐神は日本の神、日本の象徴である。これから八十禍津日神《やそまがつびのかみ》、大禍津日神《おおまがつびのかみ》など色々の禍《まが》が出て来るが、それは、日本が『穢《きたな》き』心になっていたときの汚れが落ちる働きであるから憂《うれ》うることはない。この禊祓によって日本国の業《ごう》が消え、真に浄《きよ》まった日本国になるのである。

（『祕められたる神示』、四〜五頁、原文は旧漢字、歴史的仮名遣い。以下同）

これと同じ趣旨のことは、同年十二月二十八日に下された「日本の実相顕現の神示」にも明確に示されている。

世界一環互《いっかんたがい》に手と手を繋《つな》ぎ合って、しっかりと和する心になっていたならば戦争もなく敗戦もなく、実相無限の円満調和世界が実現する筈《はず》であったのに、当時の日本人は気が狭くて島国根性であり、排他的精神で、我慢自慢独善精神に陥《おちい》り、それを日本精神だと誤解して、一人よがりに易々加減《いいかげん》な気持になって、遂《つい》に世界を敵として戦うようになったのである。排他の心は、他と自分とを切り分ける心であるから、切る心は切られる心と教えてある通りに自分が切られる事になったのである。切る心は三日月の心であり、利鎌《とがま》のように気が細く、角だっていて、空にあらわれている時間も少く、その光も弱く、直《じき》に地平線下に沈んでしまう心である。心の通りに日本の国が沈んでしまっても、それは日本人の心みずからの反映であるから、徒《いたず》らに失望、落胆、放心してしまってはならない。

（前掲書、一二七～一二八頁）

私はここで、雅春先生が現実の日本国家の行く末に無関心であられたと言っているのではない。日本国家の安泰が運動の最終目標ではなかったと言っているのである。しかし冷戦の時代には、日本国家の政治状況は憂うべき状態だったから、大きな危機感をもたれていた。すでに述べたことだが、当時の先生は、日本国憲法によって天皇が「象徴」という地位に置かれたことを憂えられ、それによって日本のみならず世界が〝天之岩戸隠《あまのいわとがく》れ〟の状態になっていると考えられ、大日本帝国憲法の復元改正を望まれていた。しかし、そうすることが日本国の実相顕現につながるとしても、それを具体的にどのような筋道で、どのような方策によって成し遂げるかについては、ほとんど述べられなかった。この祝詞もその例外ではなく、大変抽象的な表現が使われている――

ついに天皇《すめらみこと》は、豊葦原《とよあしはら》の瑞穂《みずほ》の国治《しろ》しめす御使命の御座《みくら》より単なる〝象徴〟という空座《くうざ》に移され給《たま》い、恰《あたか》も天之岩戸隠《あまのいわとがく》れを再現せるが如《ごと》き暗澹《あんたん》たる国情に陥《おちい》りて、その隙《すき》に乗じて〝赤き龍《たつ》〟の輩《やから》、日本国の四方に回《めぐ》りて爆弾騒ぎなどさまざまの策動をなし、革命の焔《ほのお》、いつ燃えあがるとも計《はか》り知れざる実情とはなりぬ。

このとき、住吉大神を、かく実相世界の秩序に基《もとづ》いて顕斎《けんさい》し奉《たてまつ》る所以《ゆえん》は、大神の本来の国家鎮護皇国護持の御使命を完全に発動され給わんことを希《ねが》い、日本国土より、すべての妖雲《よううん》暗雲を悉《ことごと》く祓《はら》い清め、天照大御神の御稜威《みいつ》六合《りくごう》に照り徹《とお》りて、神武《じんむ》天皇建国の御理想は実現せられ、八紘《はっこう》は一宇《いちう》となり、万国の民悉くその御徳を中心に仰《あお》ぎ奉りて中心帰一、万物調和、永久平和の世界を実現せんことを期し奉るがためなり。

（前掲誌、三五～三六頁）

前掲の祝詞の引用箇所には、しかし〝赤き龍《たつ》〟の輩《やから》がことごとく祓い清められた後の世界情勢がどうなるかの具体的記述はない。日本神話由来の言葉をつなぎ合わせて、その後の世界はほぼ自動的に「中心帰一、万物調和、永久平和の世界」が到来するかのようである。誤解のないように言えば、私はここで、谷口雅春先生が冷戦後の世界情勢を予測しえなかったことを批判しているのではない。当時は〝赤き龍〟の脅威がそれほど強く感じられていて、それさえ払拭《ふっしょく》されれば世界情勢はとりあえず好転すると感じていられたのだろう。世界情勢の変化というものは、それほど予測困難であり、かつ大規模なものだ。運動の創始者がそこまで見通せなかったことをよしとして、〝古巣《ふるす》〟の居心地に固執《こしゅう》して運動の変化を拒否するのが弟子の役割でないことは、言うまでもない。

唯物思想が生んだ地球温暖化

さて、このようにして谷口雅春先生の熱き願いによって地上に建設された龍宮住吉本宮であったが、落慶から十一年たって冷戦は終結し、〝赤き龍〟からの脅威は事実上消滅した。しかし、もう一方の問題である「唯物思想」に関しては、それから二十五年たった今日でも落慶当時から状況はあまり変わらないか、さらに悪化しているようにも見える。つまり、物質的豊かさの追求が人生の目的であり、物質が人間の幸福を生み出すとの考え方は、日本を含めた〝西側諸国〟においてはいまだ趨勢《すうせい》を占めている。その中で、〝赤き龍〟の後継国であるロシアや中国にあっては、この考え方は、当時よりむしろ拡大していると感じられる。加えて、中南米、中東、東南アジア諸国では、経済発展があたかも〝最高の善〟であるかのような声が高まっている。そして、これらすべての動きの総合的な効果として、地球温暖化と気候変動が進行しているのである。

だから、〝赤き龍〟が排除された今日、生長の家が総本山の祭祀の重点を「鎮護国家」から「世界平和」に移し、この地を〝自然と共に伸びる〟ための生き方を研鑽《けんさん》する道場として改めて位置づけることは、雅春先生が念願された〝唯物思想の排除〟による人類光明化を、二十一世紀の文脈の中で遂行するための有効で、有力な方法であると言えるのである。ただし、今の時代に私たちが問題にする「唯物思想」とは、当時のように〝左側〟に限定されてはいないし、むしろ〝西側〟に顕著《けんちょ》に現れている。つまり、私たち自身の生活の中にごく普通に見出《みいだ》されるものである。例えば、有名ブランドへの偏愛《へんあい》や肉食を含む〝飽食《ほうしょく》〟の現象の中にそれがある。また、食品のムダなどの過剰な消費生活がそれであり、労働者の福祉を度外視《どがいし》したような生産形態や、環境破壊を省みない過度な効率優先の生き方の中にもそれがある。私たちは、そのような現象が「日時計主義」をひろめ、それを多くの人々が実践することによって是正《ぜせい》されていくと考える。

ところで、生長の家の一部の講師の中には、龍宮住吉本宮の落慶と冷戦の終結の間に因果関係を読み取ろうとする人もいるらしい。が、すでに述べたように、前者は一九七八年で、後者はその約十年後である。落慶後には、残念ながら〝新冷戦〟と呼ばれる対立の時代が再び始まったのである。そして、冷戦終結の大きな原因はイスラーム勢力と民族主義の台頭《たいとう》、そしてソ連の弱体化である。この辺の国際情勢と国内政治、そして生長の家の活動との対応については、巻末の年表を参考にしていただくと分かりやすいだろう。

宗教目玉焼き論

私がここまで描《えが》いてきたことをひと言でまとめれば、「時代や環境の変化とともに宗教運動も変わらなければならない」ということである。それは何も生長の家に限ったことではない。多くの宗教が、とりわけ「世界宗教」と呼ばれる信仰運動はほとんどすべてが、長い歴史の中で何回も変化をとげつつ、今日にいたっている。そして生長の家の運動も、まさにこの同じ理由によって変化してきているのである。

これは決して、生長の家が説く〝真理〟が変化したのではない。このことは、私が生長の家講習会を含めたあらゆる機会に、繰り返し説明してきたことだ。真理は不変であるが、それを伝える方法や工夫は、時代や環境の変化に対応していかねばならない。ここでそのことを詳しく説明する紙面的余裕はあまりないが、かつて山口県での講習会で、参加者が宗教の儀式や様式について質問した際、それに答えて私が行った説明を、画像とともに以下に掲げることにする。これについてさらに関心のある読者は、拙著『信仰による平和の道――新世紀の宗教が目指すもの』（二〇〇三年刊）の第一章などを参照してほしい。

この「儀式」や「様式」というものは、宗教の〝周縁〟に属するものである。私は、宗教を〝目玉焼き〟のように二重構造にとらえる考え方を提案しているのですが、その場合、儀式や様式などは目玉焼きの〝白身〟に当たる「周縁部分」ということになります。儀式や様式は「形に表れている」から比較的分かりやすいのです。これに対して、宗教には「中心部分」があると考えます。これは〝目玉焼き〟の〝黄身〟に当たると

ころで、宗教上の真理の「核心に触れる部分」だと考えてください。先ほど実相と現象の話をしましたが、この真理の核心に触れる部分――〝黄身〟の部分――は「実相」や「真理」に該当《がいとう》する。これらは、言葉を尽くしてもすべてを説明しきれないものです。仏教の禅宗には「不立文字《ふりゅうもんじ》」という言葉があります。「真理そのものは文字を立てて表現することはできない」――言葉では言いつくせないという考え方です。この「真理そのもの」が宗教の中心であると言える。

しかし一方で、言葉を使わない宗教は存在しません。仏教の数多くのお経もキリスト教の『聖書』もイスラームの聖典『コーラン』も皆、文字で書かれているわけです。だから

「宗教の教えの神髄《しんずい》は文字で表現できない」といっても、教えを伝えないわけにいかないから結局、文字や言葉で説明せざるをえないわけです。こうして、真理（目玉焼きの黄身）を衆生《しゅじょう》（一般信徒）に説明するための文字を含めた様々な工夫――周縁部分（白身）――が生まれてくる。伝道の手段として、いろいろな言葉や文字、いろいろな方法が使われる。これは書物であったり、修行の方法であったり、そして儀式であったりする。宗教では、そういう工夫を様々に凝《こ》らして、衆生を真理に早く到達させるための〝周縁部分〟ができ上がってくるのです。だから私は、宗教は「真理」と「それを伝える手段・方法」という二層構造になっていると考えるのです。そして、この周縁部分は、各宗教によって違うのです。簡単な例を挙げれば、仏教のお坊さんの服装や、祈りや儀式でどんな言葉を唱えるかということと、キリスト教の牧師さんがどんな恰好《かっこう》をし、何を読んでどう教えを説くかということは、全く違うこともあるわけです。

しかし、生長の家では「真理を伝える工夫は皆、違うけれども、その工夫によって伝えようとしている真理は基本的に同じだ」と考えるのです。ですから、「神」と「仏」という言葉の問題を言えば、神の御徳はそれこそ無数にあるけれども、その御徳の特定の側面を強調して「仏」として観ずる――そういう面があるのです。仏の御徳も数限りがないと言われるけれども、「神」では強調され「仏」では強調されない面もある。

例えば、仏教では一般に、仏は「世界を創造する」とは考えない。〝世界〟は初めから在ると考える場合が多いようです。しかし、その代り仏教では「慈悲《じひ》の心」が強調されたり、「執着《しゅうじゃく》からの解放」——つまり、自由自在の障碍《しょうがい》のない境涯が強調され、そこへ救いとるものを「仏」と称することがある。しかしそれが「神の愛」とどれほど違うかというと、私はそれほど違わないと思う。同じものを、一つの角度から見ると「仏」に見えるけれども、別の角度から見れば「神」に見える——そういう違いにすぎないのであります。

（『生長の家ってどんな教え？——問答有用、生長の家講習会』、一九三〜一九六頁）

これが、私が「宗教目玉焼き論」と呼んでいる考え方の骨子だが、それは私の発明でも何でもない。谷口雅春先生は『生命の實相』頭注版第三十九巻仏教篇の「はしがき」で、宗教の「神髄」と、その宗教が拡大する際に派生する「幾多《いくた》の時代的、場所的、民族的粉飾《ふんしょく》または付加物《ふかぶつ》」とを明確に区別され、宗教間の対立は、前者を重用せず、後者の違いを強調することから生まれるという分析を打ち出されている。私の説明は、先生のこの卓越《たくえつ》した分析を視覚的にわかりやすく再構成したにすぎない。

生長の家は「文書による伝道」を主たる手段の一つとして布教してきたため、古くからの信徒の中には、文書で表現された真理——つまり、書き言葉による真理の表現が、真理そのものであるとの印象を得ている人が少なくない。しかし、書き言葉も時代的、場所的、民族的制約から逃《のが》れることはできないのだから、それによる表現そのものが宗教の神髄でないことに気がつかねばならない。すでに言及《げんきゅう》した禅宗における「不立文字《ふりゅうもんじ》」の考え方は、まさにそのことを指摘していることは、谷口清超先生が繰り返し強調された通りである。

以下の文章は、私が生長の家の幹部の人たちに対して、これと同じことを別の角度から述べたものである。

〝コトバの力〟を正しく理解する

皆さま、ありがとうございます。（拍手）

今日の集まりは「生長の家代表者会議」という名前がついています。本当は、生長の家の関係者がすべて集まることができればいいと思うのですが、会場や日程の都合でそうはいかない。そこで、「代表」のみが集まる会議になっています。代表の皆さまは、遠い所からも近い所からもお越しいただいていますが、大切なことなので、新しい五カ年計画の運動方針を説明させていただいたわけです。

この会議に以前から出席されている方はお気づきと思いますが、ここで説明される運動方針書は年ごとに薄《うす》っぺらになっています（笑い）――そういう現象があります。昔の代表者会議では二日間もかけていました。その頃は、分厚い運動方針書の長い文章を、長い時間かけて読んでいたので、辟易《へきえき》した人もいると思いますが、最近は合理化が進んでいます。少し工夫して、本当は内容的に盛りだくさんあるものを短くまとめるようになってきました。ですから、先ほど質問にもありましたように、「ちゃんと書いてないじゃないか」という不満も出てくる。これは「言葉で表す」という行為の宿命みたいなものでありまして、長ったらしく書くと嫌がられるし、短く書くと不満に思われる（笑い）。その辺は、現象表現というものの逃れられない制約なのであります。

宗教の教えでも同じことが言えるのでありまして、「不立文字《ふりゅうもんじ》」という言葉がある一方で、「万巻の書物」が真理を表現しているわけです。宗教の神髄は文字を立てて表現することはできないけれども、しかし、それを伝えるのが宗教の目的ですから、どんなに困難であってもそれを文字によって表現しようとして、大部の教典や書物が生まれるのです。このように言葉で表現することの難しさは、講師の先生は十分お気づきのことだと思います。これは、宗教運動にはどうしてもついてくる問題です。

コトバの表現は人・時・処で変わる

今日は、生長の家でよく使われる「コトバの力」ということを確認してみたいのです。この言葉は、皆さんはもう耳にタコができるくらい聞いていると思いますが、今日の運動方針書にも「コトバの力」は込められています。そして、それが具体的に展開していくと、皆さま方の教区や各国でのお仕事、つまり光明化運動になっていく。その時に、「運動方針書が短いのだから、真理の言葉も短く言えばいいんだ」ということでは困る（笑い）。「コトバの力」ということを、生長の家ではそういう文字通りの意味で使ってはいないのです。これは、昔から講師をなさっている方にとっては「釈迦《しゃか》に説法《せっぽう》」になるかもしれませんが、重要なことなので確認したいのであります。

谷口雅春先生の書物を読みますと、「コトバ」というものを説明するのにいろいろな表現を使われている。それらがすべて統一されているわけではないので若干《じゃっかん》、分かりにくいところもある。私は講習会では、カタカナで「コトバ」と書いて、それがどういう意味であるかを説明しています。これは、白鳩会総裁もなさっていることです。しかし、この表現形式は、必ずしも全ての聖典で厳密に統一されているかというとそうでもない。ちょっと違うこともないわけではない。それはやはり、その時の臨機応変《りんきおうへん》の表現で変わってきているのです。

特に、生長の家では、聖書の『ヨハネによる福音書《ふくいんしょ》』第一章にある「初めに言《ことば》があった。言《ことば》は神と共にあった。言は神であった」というところから説き起こされているので、もし「言葉が神だ」と文字通りに受け取ると、私たちは神を信仰する運動ですから「言葉を信仰するんだ」（笑い）という短絡的な誤解をすることにもなる。ですから、言葉にもいろいろな意味があるということを忘れてはいけません。

宗教というものは、主として言葉によって伝わっている。この場合の「言葉」の意味は、発声音と文字を含めたものです。もちろんそのほかにも儀式とか、修行とか、あるいは文化とともに宗教は発展してきています。しかし、一番重要視されるのは言葉である。だから、宗教の世界では聖書とかコーランとか仏典など、言語によって表現されたもの――つまり、言葉を書き写したもの、そして後代には印刷したもの――そういう「記録された言葉」を重要視するという伝統が世界中で行われたし、今でも続いている。

これも私が講習会でときどきする話ですが、聖典のどこに何が書いてあるかを根拠にして、現在いろいろなことが世界中で行われていますが、その中にはあまり好ましくないこともある。テロリズムや女性蔑視《べっし》も行われている。そういう問題をどう考えるべきかについて、私の本では『信仰による平和の道』（二〇〇三年刊）に詳しく書いてあります。問題はどういうところにあるのか。その理由を書いた文章を引用します。一〇頁です。

普通我々が使う言葉は、日常に普通に存在する事物や人、それらの関係を表現するためのものである。それに対して、宗教で取り扱う重要なことの多くは、「神」や「仏」や「霊」というような日常生活とは少し次元の違うものである。言い換えれば、普通の言葉は日常の〝俗事《ぞくじ》〟を表現するためのものだが、宗教は〝聖事《せいじ》〟を取り扱うのである。しかし、何によって〝聖事〟を取り扱うかというと、それは言葉による以外にないから、「俗を扱う道具によって聖を説明する」という一種の〝離れ技〟を行うのである。これが、宗教の教典や聖典の使命である。

（同書、一〇頁）

言葉を使って宗教上の真理を表現するということ自体に、最初から難しい問題が含まれているというわけであります。

また、〝言葉の力〟については、発声したり、書いたりするという表現がなされる前に、そのもととなる「コトバ」というものがあって、それを身《しん》・口《く》・意《い》の三つの手段で表現するという説明を、講習会などではよくしています。「身」は体によって表現すること。「口」は口から出る言葉によって表現すること。それから、「意」は心や思念——神想観《しんそうかん》*7をしたり、念仏を唱《とな》

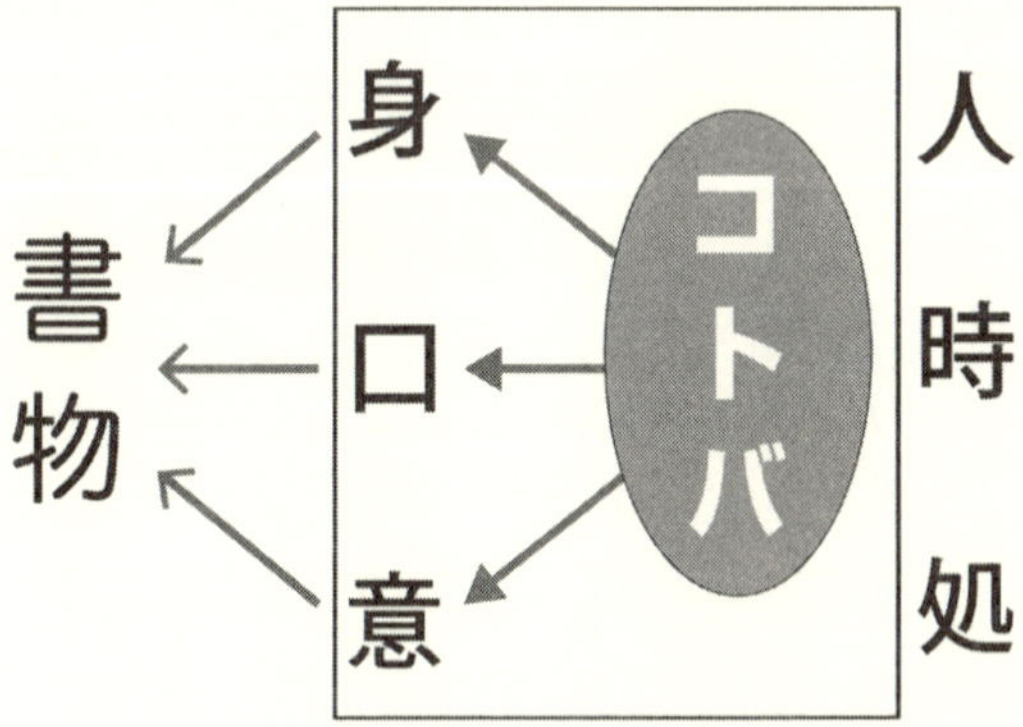

えたりするように、心の中に起こる言葉で表現する。では、この表現される前の「コトバ」とは何であるかということが問題になります。これが重要である。

上の図にあるように、「コトバ」とは身《しん》・口《く》・意《い》の表現が行われる前に起こる心の中の〝波動〟みたいなものです。身・口・意の表現は、その結果であります。そうすると、先ほどからお話し申し上げている聖典とか教典などは、この身・口・意の中のどれに該当するでしょうか？　どれですか？　この三つの中には入っていないのです。聖典や教典は書物ですから、これはどちらかというと、そこから先の話なんですね。宗教の先達《せんだつ》が口から出した言葉、また口で唱えたもの……それを誰かが書き取ったり、あるいはそれを記憶していた人から聞き取って、それらを文字に書き留める。聖書やコーランなんかは、そうやって編纂《へんさん》された。その際、「書き取る」という行為のためには身体（身）を使うわけです。それらの文字をきちんと羊皮《ようひ》や紙の上に定着させ、編集を加えて「書物」の体裁《ていさい》にするには、やはり心（意）と肉体（身）を使う。こうして完成したのが、教典や聖典です。つまり、身・口・意の表現の結果として宗教教典は成立するのです。

ところで、私たちが谷口雅春先生から教わっているもう一つのこと——特に講師の人が強調して教わっていることは、宗教の講話は人《じん》・時《じ》・処《しょ》に応じて説くことが必要だということです。例えば、あまり科学の知識のない人のところに行って、科学の理論を使って教えを説いても、それはダメだ。効果がない。そんなことよりも、もっと分かりやすい言葉を使い、少し厳しい調子で「病気はナイのです！」と一喝《いっかつ》したほうが分かる場合がある。しかし、そんなことを医者に言ってはいかん。営業妨害だと思われる。つまり、同じ真理を伝えるのでも、そのときの人・時・処に応じた言葉を使わなければならない——こう教わります。心の中で起こった同じ「コトバ」でも、それが具体的に表現される場合は人・時・処に応じた形をとるから、それぞれ異なった表現になるということです。

この図では、時間が右から左方向に流れていると思ってください。「コトバ」から始まり、「身・口・意」を通した表現が行われ、それらが総合されて「書物」(紙に書いた教えの本)ができていく。そうすると、書物ができる以前に、「口」から出る言葉による指導があるわけです。そこには当然、人・時・処の問題が出てくるから、相手に応じて、時に応じて、場所に応じて最も適切な表現を使うことが求められます。

その表現は、人・時・処が別の場合には使えないかもしれないし、使っても効果がないかもしれない。例えば、あまり医学的知識がない人の前で「病気はナイ！」と一喝したらその人の病気が治ってしまったとします。そして、その時の表現が文章に記録される。ここまでは問題ない。しかし、この記録された〝教え〟（書物）が万人にどんな場合にも理解されるかというと、そんな簡単ではない。ここにある問題は、人・時・処に応じた説き方が書物に記録されると、人・時・処に合わない人のところにもその書物が回っていって、「これがこの宗教の教えだ」と言われる可能性があるという点です。すると、最初の反応——病気が治ってしまうのとはまた少し違う結果となるのです。

形は事物の本質ではない

今、恐らく皆さんの心の中にある問題は、生長の家の中で真理を説いた書物が自由に利用できなくなったらどうすればよいか、ということでしょう。私たちは、それが聖経とか『生命の實相』のような基本的な書物だから、とんでもないことが起こっていると思いがちです。でも、宗教上の教えで一番重要なのは何かといえば、その書物の〝元〟になったところの「コトバ」である。

『生命の實相』（頭注版）の四十巻まで詳しく読んだ方はご存じと思いますが、同じことに対して場所によって違う説き方をしているケースは珍しくない。それは、この全集が、人・時・処に応じて雅春先生が『生長の家』誌に書かれたことを編集してでき上がったからです。それが四十冊分あるというわけです。聖経の場合には、先生はほぼ一気に書き上げられたと書いてありますから、どのくらいの期間に書かれたかは分かりません。聖経は、『甘露の法雨』の「神」の項から『天使の言葉』の最後までを一気に書かれた。それが、日常読むにはあまり長すぎるから、今は半分ほどに分けて別々のお経の体裁《ていさい》になっている。

このように、書物として残っているものは、もちろん大変重要なものです。それがないと教えが正確に伝わらないということはもちろんある。しかし、一方では人・時・処の変化によって、同じ書物で説かれた真理が正しく伝わらなくなることもあるのです。これが、一番最初に申し上げたとおり、宗教の教えを文字で伝える場合の基本的な問題で、それは生長の家に限らず、宗教の世界全般に、どうしても出てくるものです。それはだから、表現を短くすれば済む問題ではもちろんありません。

私が今日申し上げたいのは、そういう問題が出てきているときに、我々は何を重視して運動すべきかということです。その答えは、この図を見れば分かるはずです。私たちは、こちらの「コトバ」さえしっかり把握していれば、結果としての「書物」は身・口・意の表現を通していずれ出て来るということです。「書物」がダメになっているから、「コトバ」もダメになるんだという考え方は、宗教としては原理主義に陥《おちい》っていくことになります。なぜなら、それは「書き残された印刷物の中にしか真理はない」という考えだからです。教典に書かれた文章以外のもの、その文字通りの解釈以外は全部真理ではない——こういう考え方が原理主義であり、それが今日のテロリズム等の大きな問題に関係しているという話はもう何回も申し上げているので、皆さんは十分理解されていると思います。そういう問題が出てくる可能性も秘めているのが「コトバの力」という言葉です。ですから、この意味を正しく理解することが大変重要であることが分かります。

聖典の中には、「コトバ」とカタカナで表現した理由を雅春先生ご自身が詳しく説明されているところがあります。そこでは「波動」とか「振動」とか「想念」という言葉で説明されています。つまり、身・口・意の形で表現される手前の我々の信仰心、神への思い、確信、悟り……そういうものをカタカナで「コトバ」と書くというわけです。この説明は、講師の方は後でしっかり読んで確認していただきたいのですが、『新講「甘露の法雨」解釋』にあります。『心』『甘露の法雨』の出だしのところに「コトバ」というカタカナ表現が使ってありますね。「『心』動き出でてコトバとなれば　一切の現象展開して万物成る」——この文章の「コトバ」はカタカナで書かれている。それを解説して、谷口雅春先生は「コトバとは想念のこと」（九八頁）だと書いておられる。

それから、『新版 ヨハネ伝講義』にも、さっき申し上げた「初めに言《ことば》があった」という出だしの聖句の解説のところに、こう書かれています――

天地にミチていて、事物のハジメを成しているものが言《ことば》即ち、波動であり、

（同書、一七頁）

これは、「コトバ」とは発声音のことを指しているのではないということです。神様の表現の元になっている波動であるのです。また、『新版 真理』第四巻青年篇には次のように書いてあります。引用します――

これは宇宙に満つる霊《たましい》の振動であり、生命の活動であります。（中略）「想念の波」を起すと云《い》うことであります。（中略）宇宙に満つる大生命の波動が想念即ちコトバであって、それがやがて形の世界にあらわれて来るのであります。だから事物の本質とは何であるかと云うと、此《こ》のコトバでありまして、形ではないのであります。

（同書、一八五〜一八六頁）

我々は形に表れたものにずいぶん惑《まど》わされますが（笑い）、しかし、物事の一番の本質は「コトバ」であるということが、ここに明確に書かれています。生長の家の一番深い意味でのといいますか、哲学的な意味での「コトバの力」とは、そういう表現以前の心の波動であり、魂の振動のことである。そういうことでありますから、私たちはこの「コトバ」をお伝えするという意識があれば、困難に遭遇《そうぐう》してもそんなに驚くことはない。また、このカタカナの「コトバ」に基づいて、新しい身・口・意の運動が始まってくるだろうし、そうしなければならないのです。

現状の「改善」でなく「転換」のために

〝森の中のオフィス〟はそういう「コトバの力」を表現した一例です。今は世界中で物質主義的なライフスタイルを新しい方向に転換していくことが求められているけれども、身体を使って、口（発声音）を使って、心（意）を使ってそれを実行することは、コトバの力の活用です。多くの人々はしかし、生活の転換の必要性は分かっていても、それを具体的にどの方向へ進めていくべきかがよく分からない。また、従来の生活の仕方から逃《のが》れられない。便利で快適だからです。また、先ほども質問がありましたが、何十年も同じ仕事をしてきたのに、今さら転職なんてとんでもないと考える。その気持は十分に分かります。業《ごう》の力はそれだけ強力です。

我々は実相に於いて皆、神の子でありますが、現象的には業の力に動かされていることも事実です。つまり、昔から積み重ねられてきたいろいろな技術とか、社会制度とか、習慣とか、法律も含めて、それを維持していこうとする一定方向に向かう習慣性の力が、社会全体にドーッと働いている。地下に眠っている資源を掘り出して、地上で燃やしたり加工して、自分たちの生活の資源やエネルギーに変える――こういう流れが、社会の基本的な仕組みと密接に関係していて、そうでない生き方は大変やりにくい。そのことはよく分かります。しかし、生長の家はそれをやろうとしているのです。

ですから、多少の問題や困難はあると思います。菊地慶矩《よしのり》・岩手教区栄える会会頭（二〇一二年当時）が質問されたように、今の産業の中に基礎を置いて、それを逐次《ちくじ》改善していくことによって地球温暖化の問題を何とかしのげないだろうか――そういう意見が出てくる事情はよく分かります。私も一度そう思いました。東京にいても、この世界を変えることはできるだろう。しかし、本当にできるのか？　結論はもう出ています。これまでの物質主義的、商業主義的な生き方とは違った生活をする人が実際に出てこない限り、しかも、その数が多くならない限り、社会のライフスタイルの転換は難しいと思います。

地下資源を大量に消費するというこの〝大波《おおなみ》〟から抜け出さなければ、私たちはやがて資源争奪戦争に入っていくでしょう。これは十年先とかそういう未来の話ではないかもしれない。日中間の尖閣《せんかく》諸島をめぐる争いのことを考えれば、もう始まっていると言ってもいいのです。また、そういう大規模な消費生活をする人々の数が地球上にどんどん増えていけば、我々の子どもや孫の世代に何が残せるのでしょうか?

英語に「インクリメンタル（incremental）」という言葉があります。「漸進的《ぜんしんてき》」とでも訳すのでしょうが、私たちはそういう何か少しずつ現状を改善していけば良い社会になっていくという考え方では不十分だという判断をして、それが〝森の中へ行く〟という選択になったのであります。

インクリメンタルに現状を改善していけば何とかなるというその「現状」はどういうものかというと、例えば、菊地さんがおっしゃったように食肉需要はこれからどんどん増えていくのです。それは中国やインドのような人口の多い国々が経済成長するからです。それは分かっています。だから、ある一人の業者が辞《や》めたからといって、世界に大きな影響はない――それも事実です。しかし、だからやらないということであれば結局、「流れに任《まか》せろ」ということです。二酸化炭素の排出削減もできず、化石燃料の使用も減らず、原発も復活するだろうし、資源争奪戦に向かって人類全体で突っ込んでいくことになる。それはやはりマズイだろうという判断があるわけで、それをぜひ皆さま方には理解していただきたい。

「流れに任せる」のであれば、東京にいたらいいんです。私のところへも、東京を離れないで生長の家の運動をしなさいというメールが未《いま》だに来たりします（笑い）。ご存じのように、戦後の世界経済は物質主義と自然破壊の方向に向かって一直線に進んでいったわけです。しかし今後、そのまま進んだらダメだということを、多くの識者は言っている。言っているけれども、どこへ行ったらいいのかはよく分からない。あるいは、理論的には分かるけれども実際にやる人がいない。市場がない。技術がない。システムや制度がない。それならば、今まで通りのことをやっていたらいい――そういう言い分はよく分かる。現実（現象）を重視すれば、その通りなんです。しかし、それでもなお「正しいと思うことをやりましょう」と言えるのは、たぶん宗教を信じている人しかいないと私は思うんですね。（拍手）

ソロバンを弾《はじ》いたらやはり赤字になる。普通の場合、そこで終わってしまう。幸いなことに、生長の家は皆さま方の献身的な運動と献資《けんし》によって多少蓄《たくわ》えがあるので、それを今使わないでいつ使うのだろうと考えた結果、使わせていただくのです。谷口雅春先生が長崎へ移住されたときも、大きな変化がありました。そのときは日本中で献資を募《つの》ったのです。しかし、今回の本部移転ではそれをしませんでした。それは、皆さんが納得してくれない中でしたくなかったからです。皆さんの生活に実際に影響があることは、「私もそうする」という意識で動いてくれる方にだけお願いしたいということですね。

もちろん今までの貯金があったので、一応できることです。〝炭素ゼロ〟*8の業務と生活を完《かん》遂《すい》するために細かい計算を今やっています。本部事務所だけを〝炭素ゼロ〟にするのは、当初はできますが十年後もちゃんとやっていけるのかなど、なかなか難しい問題があります。

そんなことをやっているところは、恐らく企業にはありません。ソロバンを弾いたら損《そん》するからです。でも、多少損してもいいから、人類が向かっている方向に何らかの良いインパクトを与えていきたい。そういう方向への努力をしている人は、全くいないわけではない。私たちが始める前から行っている先輩もいます。そういう人たちの助言も受けながら、もちろん皆さま方から建設的な提案も大いに受けて、献資を募る場合には、皆さまにも納得していただき、「自分もやるゾ」という気になってくださった上で実行したい。

そういう意味で、『次世代への決断』（二〇一二年、生長の家刊）という本をぜひ読んでいただきたい。そこでは、私たちの世代のことはあまり問題にしていない。次世代――我々の子どもや孫に残す社会がこんな状態でいいのかという視点で……私ももう長くは生きませんから（笑い）。皆さまも、私より年上の人もいるようでありますから、もうこれから先は自分のことではなくて次の世代のことを考えて生きる。しかし、「コトバの力」だけはしっかりと握って、我々の運動を神の御心に沿《そ》った方向に進めていただきたいのであります。（拍手）

それでは、これからもぜひご協力、ご支援をよろしくお願いいたします。（拍手）

（二〇一二年二月二十八日、第六十一回生長の家代表者会議で）

＊1　二〇〇四年七月に決められた方針。全文は『〝森の中〟へ行く――人と自然の調和のために生長の家が考えたこと』、二二一〜二二八頁に掲載。

＊2　生長の家が一九六四年（昭和三十九年）に結成した政治団体。一九八三年（昭和五十八年）に活動停止。

＊3　不良な子孫の出生防止と母性の生命・健康の保護を目的とする法律。優生上の見地から一九四八年に制定。九六年の改正で「母体保護法」と改名された。

＊4　生長の家前総裁。一九一九年十月二十三日に広島市に生まれる。二〇〇八年十月二十八日に満八十九歳で昇天。

＊5　国際的な対立や緊張が緩和していく状態を称し、一九六〇年代後半以降、七九年のソ連によるアフガニスタン侵攻までの米ソ間の関係をいう。

＊6　一九七九年のソ連のアフガニスタン侵攻に端を発して、米ソ関係が再び緊張した現象。一九八〇年代に入って「新しい冷戦」といわれるようになった。

＊7　生長の家独特の座禅的瞑想法。

＊8　生長の家の活動で生じる二酸化炭素の排出量を運用努力や自然エネルギーの導入などで抑制し、排出した二酸化炭素については相当量を植樹・植林、グリーン電力の購入・排出権の取得などで相殺し、二酸化炭素の排出量を実質的にゼロにしようとする運動。

運動の変化と宗教の使命

（『生長の家』二〇一五年二月号より転載）

皆さん、本日はおめでとうございます。ありがとうございます。（拍手）

今日は谷口雅春先生のお誕生日であるということは、皆さんはすでにご承知であります。それとともに、谷口清超先生が生長の家の法燈《ほうとう》を継承された日であるということでありまして、私たちはずっとこの日を「秋の記念日」としてお祝い申し上げてきました。

今回もそれと同じことをしているのでありますが、多少式典の中身が変わってきているということに皆さんはお気づきだろうと思います。従来でしたら、私の話の後で、全国の運動に功績のあった人々が壇上に上がって、表彰を受けるということをやってきました。この中にも、一度ならずこのために壇上に登られた方がいらっしゃると思いますが、そういうことが今回のプログラムには入っておりません。それは、ご存じの方は多いと思いますが、三月一日の立教記念日ですでに行われたからであります。

なぜそのような変化が起こるか？　これも何回もご説明申し上げてきているので、ご存じの方は多いでしょう。私たちの運動年度は、これまで四月から翌年の三月まででした。政府の会計年度がそうであり、生長の家の運動もずっとそのかたちで行われてきました。しかし、それは世界的にいうと珍しいケースでありました。私たちは「人類光明化」とか「国際平和」ということを掲《かか》げていますから、日本を囲む大きな世界から離れるのではなく、統一的な考えに基づいてやっていこうという方向で運動を進めております。そのため、日本の運動が世界から数カ月ズレると、好ましくない点がいくつもございましたので、昨年、生長の家の国際本部が東京から北杜市《ほくとし》に移転したのに伴《ともな》いまして、運動年度を国際的なスタンダードに合わせることにしたのであります。従いまして、従来の国内の行事もあちこちで調整を行う必要が出てきまして、今日のこの記念日のプログラムにも多少の変化が起きているのでございます。

歴史の中で運動を考える

〝森の中のオフィス〟がなぜできたのか、なぜそんなところへ本部を移転したかということは、もう長々と説明することはいたしません。それについて、私は何冊も本を書いていて、皆さんも何回も読まれているでしょう。しかし、まったく知らないという方も中にはいらっしゃるかもしれません。というのは、今日の私の話はインターネットで中継されているからです。従いまして、どなたが聞いているか分からない。外国にいる方も聞いているでしょう。

そういうことで、ごくごく簡単に申し上げますと、生長の家は「自然と共に伸びる」ことを目指しているからです。本来、私たちが目指す運動目標は、「大調和の神示」にあるように、天地一切のものと和解することです。それを考えてみると、今日の世界の状況は、人類の生き方は、「天地一切と和解している」とはとてもいえない。先ほどの磯部和男・理事長のお話の中にも、具体的な例がいっぱい出てまいりました。

地球の表面の温度が上がったとか下がったということは小さなことのようであるけれども、自然界はそれによって大きく変動いたします。私たちの生活も、それに伴ってずいぶん変わってきていると思います。身近な例でいうと、ウナギが食べられないとか、マグロの値段が上がるとかいうことが、つい最近も起きております。これは、難しい言葉でいえば「生物資源の減少」であり「生物多様性の減退」です。その反面、人類の数は上昇の一途《いっと》ですから、私たちの自然破壊の動きを、どこかで修正しなければいけない。そうしなければ、私たちは自然界を破壊しながら、自分たちも破壊する――つまり、資源の奪い合いや枯渇《こかつ》によって沢山《たくさん》の死者を出すという非常に愚《おろ》かな行為を続けていくことになる。これでは、人類光明化も国際平和も遠のくばかりです。

そういう反省をいたしまして、では、どんな生き方をすべきかを考えたのです。自然と人間の関係はどうあるべきかということです。すると、自然界を一番無視して生きていけるのは大都会であります。そうですよね？　今日は福岡からおいでの方もいらっしゃいますが、大都会では自然界の出来事を感じなくても生きていける。森林が枯《か》れても昆虫が減っても、別に大事件とは思われない。しかし、それでは私たちの本来の目的である「大調和の実現」を忘れるどころか、自然破壊を続けながら大調和しているという錯覚《さっかく》を起こすことになる。だから、自然界との調和を忘れないように、私たちの生活を自然の側に引きつけて、自然の繁栄を私たちの繁栄と感じ、自然が痛むならば私たちも痛む――そういう実感を身近にしながら運動を進めていこう、ということが一つの目的でありました。

そのほかにも、資源やエネルギーの浪費《ろうひ》をしないとか、自然エネルギーの拡大を図《はか》るとか、移転の目的はいくつもあります。これらについて詳しくは、私の本を読んでください。

ところで、このような私たちの運動は、世界全体の中で、特に現代史の中でどのような位置を占めているのか？　また、谷口雅春先生が運動を始められた昭和五年、一九三〇年の頃と比べるとかなり変化してきていますが、その変化と人類の歩みとの間にどんな関係があるのか？

特に、第二次世界大戦後の世界の歴史の中で、私たちの運動はどのような位置にあり、現在はどうあるのかということについては、今まであまり説明が行われてきませんでした。それで、今回の記念日にタイミングを合わせて、そのことをきちんと述べたものを出版したいと思いまして、私は今回の本を出させていただいたのであります。

ここに持ってまいりましたが、『宗教はなぜ都会を離れるか？――世界平和実現のために』（生長の家刊）という本です。この本の第一章には「運動の変化について」という題がついています。そこに、大きな世界史の流れの中で、私たちの運動全体の意味をぜひ皆さんにも考えていただきたいというので、第一章は七十頁くらいのボリュームがありますが、それを書かせていただきました。

特に皆さんにお伝えしたかったことは、「宗教は時代の要請《ようせい》から生まれる」ということです。これは、私たちが仏教やキリスト教の勉強をするときには当たり前に理解できることなのです。それは、私たち自身の生活とは少し距離があるからですね。仏教やキリスト教は、昔《むかし》生まれた宗教で何千年もの伝統があります。その長い伝統の中では何回も大きな変化が起こっていてそれがなぜ、どんな環境で起こったかということは、歴史家が説明している。それを私たちは、それを私たちは、言わば〝遠くから〟客観的に理解できる。しかし、私たち自身の信仰の問題となると、その中では時代の変遷《へんせん》を感じないことが多いのであります。

そうではありませんか？　今、私は六十二歳でありますが、自分自身を振り返ると、生まれたときから六十二歳まで同じ人格をもった人間で、自分は変わっていないと感じる。しかし、父親や母親から見ると「ずいぶん変わった」と言われるのですね。そして事実は、親の見方の方が正しいのです。しかしそのことは、なかなか自覚的に理解できない面がある。私たちの運動全体についても、これと似たようなことが言えるのであります。そういう私たちの運動を、いわば――語弊《ごへい》のある言い方ですが――「より客観的に見る」ということが今日《こんにち》大切であるので、書かせていただいたのであります。

もうすでにお読みになった方もいらっしゃると思いますが、そこで私は何を書いているか、全部説明していると明日になってしまいますので（笑い）、簡単にさわりの部分――導入部分を説明させてください。

「はしがき」に、こういうことが書いてあります。今年の十月十八日に徳島県で講習会がありました。今日は徳島の方はここに見えていないと思います。私が講習会で質問を受けていることはご存じですが、徳島県で受け取った質問の中に「アレッ？」と思うものがありましたので、それが紹介してあります。こういう質問です。

敗戦後、なにか日本は負い目を感じ今日まできたように感じます。しかし、戦争にいたる事実を知り、日本人として誇りをとりもどしました。もっと雅春先生の憲法に関する著書を世に出すべきではないのでしょうか。私たち日本人は、もっと世界に自信をもっていいのでは、そういう教育は間違っているのでしょうか。

短い質問ですが、この方が何を考えているのかはよく分かる。私はこれを読んで、「今ごろこんな質問が来た」と驚いたのであります。なぜでしょう？　生長の家では戦争というものを肯定していません。戦争というのは、迷いと迷いとが打ち合って崩《くず》れていく姿であるということは、神示《しんじ》の中にもはっきりと書いてある。しかし、かつて日本はアメリカや世界を相手に戦った。中国にも侵攻しました。韓国を支配しました。ベトナムにも行きました——世の中には、そういう戦争をしたことが「正しかった」という考え方があるのですね。それは、日本は自由主義の国ですから、いろんな意見があってよろしい。しかし、そういう考え方が生長の家の教えであると誤解している方がいまだにいるというので、驚いたのであります。

この質問をした人は、私と同じ六十二歳の主婦の方です。若者がこういう質問をしたならば、まだ理解できるけれども、私と同じ年の人が、まだそのような未熟な理解であることを知って、私はびっくりしたのです。

なぜこうしたことが起こったかについては、いろいろな説明ができますが、生長の家の内部にも原因があるということを、私は「はしがき」の中でこう書いています——

その原因の一部は、生長の家にもある。それは、創始者の谷口雅春先生があの戦争のことを「聖戦《せいせん》」と形容したことが一度ならずあり、当時の日本政府の言い分を擁護《ようご》される文章も多く残されているからだ。しかし、その一方で、雅春先生は、生長の家の教義上の重要な文書である「神示」の中で、あの戦争を明確に否定され、戦争に至った日本人の精神状態を厳しく批判されるなどしている。この一見矛盾《むじゅん》した表現のために、生長の家の信徒の間では、あの戦争についての評価が長期にわたりまちまちであった。しかし、この問題は二〇〇四年の『歴史から何を学ぶか――平成十五年度生長の家教修会の記録』（谷口雅宣監修、生長の家刊）発刊以後は、大方の信徒の間では解決したと私は思っていた。

このときの教修会では、その問題を正面から取り上げて、皆で研鑽したのであります。

なぜなら、同書では、様々な年代や状況下での雅春先生の御文章を多数引用して、あの戦争をめぐる先生の評価の変遷を示し、それがなぜ起こったかを比較的丁寧に分析しているからである。しかし、同書発行から十年が過ぎても、この程度の理解の人がいるならば、過去の評価をもっと明確な言葉で表現する必要がある、と私は感じた。

そんな理由もあって、本書第一部第一章「運動の変化について」では、あの戦争の終了後、日本社会がたどった方向に関連して、谷口雅春先生がどのようなお考えだったかを明確に表現した。これは即《すなわ》ち、先生の日本国憲法に対するお考えを述べることでもある。そうすることで、私は前掲のKさん（質問者のことを、ここでは匿名《とくめい》でKといっているのです）の「もっと雅春先生の憲法に関する著書を世に出すべきではないのでしょうか」という質問に事実上答えている。この問題に関心のある読者は、だからそこを読み、そして「宗教運動は時代の制約下にある」という事実を知ってほしいのである。第一章はこの事実を、生長の家の実例をもって示すことに費やされている。

（『宗教はなぜ都会を離れるか？』、iv〜v頁）

宗教運動は、時代の要請に応えていく使命があるのです。ですから、時代が変わっていけば、そこには変化が当然出てくる。しかし、私たち信仰する側の人間には、「真理は変わってはいけない」という考え方があります。また、教典や聖典で説かれていることはすべて真理だと考える傾向が強い。これは、私は「そうでない」という話を講習会でもしていますね。卵の「黄身」と「白身」の喩《たと》えを使って、白身と黄身は必ずしも一致しないという話をしています——しかし、教典に書かれたことが、その文字通りに、隅《すみ》から隅まですべて完璧な真理だという理解をしていると、迷うのであります。その迷いがまだ一部の人々の中にあって、それが生長の家の運動を妨《さまた》げるということが過去にあり、また現在もあるのであります。

教えの中心は変わらない

そういう人々にとっては、宗教運動と、それを取り巻く社会の変化とは無関係になってしまう。そんな宗教は衰退する以外にないのです。しかし、「宗教運動は時代の要請に応《こた》える」という立場に立てば、時代が変わると共に運動も変わるということになります。これは、「真理が変わる」という意味ではありません。真理の展開の仕方が変わるのです。その展開の仕方の中には、儀式・行事の仕方も含まれるわけです。儀式も宗教運動の重要な手段であります。ですから、生長の家総本山の儀式の仕方が多少変わってきたとしても、中心的な教えが変わったのでも、真理が変わったのでもない。この点を皆さまにはよく理解していただけるとありがたいのであります。

この書の「はしがき」に、そのことがもう少し別の言葉で書いてあります。

つまり、宗教は時代と環境の要請から生まれるから、その時代と環境が変化すれば、宗教自体も変化を要求されるのである。だから、戦前・戦後に説かれた教えは戦後に修正されることもあるし、冷戦時代の宗教運動の目標や方法が、冷戦後には採用されないこともあるのである。この時代応現《おうげん》の変化の意味が分からないと、宗教は社会に有害な影響をもたらすことになる。

（同書、vi頁）

ここに「冷戦」という言葉が出てきますが、この冷戦が、私たちの過去の運動に影響を与えた最大の要因であるという見方をしています。冷戦があった——つまり、一触即発《いっしょくそくはつ》で米ソが核兵器の交換をするような危機的な状況がずっと長く続いたのです。それは、人類全体の心に支配的な影響力を及《およ》ぼしました。右なのか左なのか、ということです。社会主義なのか、自由主義なのか。その選択によって、〝敵〟と〝味方〟に分かれる。中間的な状態は許されない。同じ民族でも、国家でも二分されたのです。世界は〝善〟か〝悪〟かに塗《ぬ》り分けられた。そういうことが、日本の社会全体に影響を及ぼしていて、政治の世界も二分され、その政治に参加した私たちの運動にも支配的な影響力をもってきたのです。

その冷戦が、戦後どのくらい長く続いたと皆さんは思いますか？　この本の巻末に年表が掲げられているので、あとでじっくり眺《なが》めて下さい。冷戦は戦後五十年続きます。そして、この冷戦中に谷口雅春先生はご昇天《しょうてん》されています。つまり、生長の家は、立教後十年は冷戦とは無縁でしたが、その後五十年はその影響下にあったということです。

このことをよく理解していただくと、今日の私たちが進むべき方向がよく分かると思います。だから、ぜひそれをお願いしたいのであります。その「方向」については、すでにいろいろの所で言い、本にも書きましたし、詳しい内容については、この本にも書いてありますので、ぜひ参考にして理解を進めていただきたいのであります。

昨日の大祭の中で新たに神様を勧請《かんじょう》したということも、このことと密接に関係しています。今日、すでに冷戦は終わっています。ロシアも中国も、それから東欧諸国も、経済発展に向かって全力疾走《しっそう》をしようとしている。その「経済発展」と称するものは、残念ながら人間だけが幸せになって自然をどんどん破壊するという、そんな方向でずっと進んできた。だから、地球規模の大きな環境問題、気候変動の問題、そこから来る食糧危機やエネルギー問題などが、ずっと解決されず、積み残しになって放置されている。

自然界を破壊しながら、自然の一部である人間が生きながらえていくことはできません。これは自明《じめい》のことで、どう考えても無理である。しかし、人類全体は自然破壊の方向に動き続けている。その大きな原因の一つは、人類から「人間は自然の一部である」という自覚が失われつつあるからです。都市化の大潮流《だいちょうりゅう》がそれを示しています。この動きを止め、あわよくば逆転させねばなりません。その具体的な方策を私たちが提示し、提示するだけでなくて自ら実践して、その生き方が幸福生活につながることを世界の人々に知ってもらうことが必要です。今日の生長の家の運動の大きな方向転換はそのためにあるということを、ぜひご理解いただきたいのであります。

「神様が変わる」などと考えると、皆さんの中にはびっくりされる方がいらっしゃるかもしれません。しかし、生長の家の神様は変わっていません。この点はぜひ誤解のないようにお願いします。生長の家は、立教の初めから唯一絶対神《ゆいいつぜったいしん》を信仰する教えであって、その唯一絶対神を日本の神話ではアメノミナカヌシノカミと申し上げるのです。それは全然変わらないし、むしろ従前《じゅうぜん》より明確になったのです。

では、住吉大神《すみよしのおおかみ》はどうしたのか？　これは、いろんなところで雅春先生が説かれている通り、住吉大神というのは唯一絶対神の〝現れ〟の一つなのであります。これを具体的に雅春先生がどう説いていらっしゃるか。ここへサンプルを持ってきました。『新版 善と福との実現』の二二三頁に、アメノミナカヌシノカミと生長の家大神の関係が書いてあります。

今まで吾等《われら》は天之御中主神《あめのみなかぬしのかみ》と阿弥陀《あみだ》とゴッドと天地の創造主とを、同一の本源唯一神なる生長の家大神の別名であることを『生命の實相』で説いて来たのであり、老子《ろうし》の説く如《ごと》く「道」（コトバ即ち神）は本来無名であり、神名又は仏名にとらわれて、他宗排撃の固陋《ころう》に陥《おちい》ってはならない、万教は互に手を繋《つな》いで、唯一の神を信じ讃《たた》えようではないかと説いて来たのである。

（同書、二二三〜二二四頁）

生長の家の運動では、日本においては、神様を表現するのに日本語の名前を使っているのですが、海外においてはそうではない。それは、日本人の私たちが知らなくても、海外ではそうなっている。では、海外の信徒は皆、違う神様を信じているのでしょうか？　そんなことは決してありません。だから、神様の呼称で信仰が変わるのではありません。そのように考えると、住吉大神も固有名詞ではないのです。この神も「ムスビ」の神の一つであります。「塩椎《しおつち》の翁《おきな》」として現れるということが『古事記』には書いてあります。だから、私たちは今回、運動を指導する神様を変えたのではなくて、それをより明らかにしたということなのです。より鮮明にして、海外の人たちにも理解できる形に表現を変えただけなのであります。アメノミナカヌシノカミというのは英語に訳すことができます。しかし、住吉大神を翻訳するのは難しい。そのままの言葉を使うことになる。すると、その神と「ゴッド」や「アッラー」とどう違うかという問題にひっかかる人が出てくる。

そういうようなこともありまして、私たちはしっかりと唯一絶対神への信仰を掲げるとともに、その神様の御徳が自然界において最も顕著に現れているところの「ムスビ」の働きに注目しようというのであります。「ムスビ」というのは、おむすびと一緒です。たくさんのお米をしっかりと一つに握《にぎ》り合わせる。また、その中におかかとか梅干しのような一見〝異質〟と思えるものを入れて握る。そうすると、ご飯と梅干しを別々で食べるのとは風味や食感がまったく違う、新しい価値の創造ができるわけです。それが「ムスビ」の働きであります。〝異質〟のものを排除しない。それは〝異質〟どころか、本来調和したすぐれた価値を生み出すためのパートナーとして創造されたと理解するのです。より高次の統合のためのパートナーであり、伴侶《はんりょ》です。

男女の恋も同じです。恋して結婚すれば、それは「ムスビ」の働きであって、個人がバラバラに生きていたときと全く違う、生み作り育てるという新しい活動と「子」という新しい価値が生まれる。そういう動きが自然界には最も顕著《けんちょ》であるということを、私たちが頭の中にしっかりと据《す》えながら運動を進めていくことが今、大変重要です。

なぜなら、世界的な都市化の中では、個人はバラバラになっていく傾向があるからです。田舎では大家族で一緒に暮らしてきたのが、都市へ行けばアパートやマンションの一室に住み、隣の部屋では誰が何をしているのか分からない——こういう状態の社会が、世界人口の半分を占めるようになってきた。ということは、人類のものの考え方にも影響を与えつつある。「自」と「他」とを峻別《しゅんべつ》する発想が拡大するのです。その影響は現在の経済活動にも世界情勢にも現れてきている——こういうことがこの本には詳しく書いてありますから、ぜひ読んで理解してください。

私たちの運動は、立教以来八十年を超える歴史がありますから、その表現の仕方、展開の方法は当然変わってきています。けれども、中心的な教えはまったく変わらない。時代の要請に応じた戦略転換は宗教運動には必要なのです。それを理解していただいて、谷口雅春先生が推進されてきたこの人類光明化と国際平和実現の運動を、新しい時代に向かって自信をもって、明るく展開していっていただくことを念願いたします。

それでは、これをもちまして今日の記念式典の所感とさせていただきます。ご清聴ありがとうございました。（拍手）

――二〇一四年十一月二十二日、谷口雅春大聖師御生誕日記念式典での言葉

【参考年表】

西暦（和暦）	世界の主な出来事	日本の主な出来事	生長の家の主な出来事・出版物
1930年（昭和5年）			立教（1930） 谷口雅春夫妻東京移転（1934）
1940年（昭和15年）	第二次世界大戦終結（1945） 「鉄のカーテン」（チャーチル 1946.3） ジョージ・ケナン論文（1947） トルーマン・ドクトリン発表（1947） 北大西洋条約機構（NATO）結成（1949） 中華人民共和国成立（1949）	天皇の人間宣言（1946.1.1） 日本国憲法公布（1946） 日本国憲法施行（1947） 教育基本法制定（1947） 教育勅語等の失効確認に関する決議（1948）	「終戦後の神示」（1945） 「日本の実相顕現の神示」「君民同治の神示」（1945） 「大和の国の神示」（1946） 『世界光明思想全集』刊行（1946-1951） 谷口（旧姓荒地）清超結婚（1946）

参考年表

年	時代	世界	日本	著作
1950年（昭和25年）	冷戦時代	世界人口25億3千万人（1950） 朝鮮戦争勃発（1950） 朝鮮休戦協定（1953） ワルシャワ条約機構成立（1955）	警察予備隊設立（1950） 日米安保条約調印（1951） サンフランシスコ平和条約調印（1951） 自衛隊発足（1954） 第五福竜丸事件（1954） 日本の国連加盟（1956）	『新生の書』（1951） 『限りなく日本を愛す』（1953） 『解放への二つの道』（1955） 『第二青年の書』（1959）
1960年（昭和35年）		ベルリンの壁建設（1961） キューバ危機（1962） ベトナム戦争（1965~1973） 文化大革命（1966~69）	日米新安保条約調印（1960） 東海道新幹線開通（1964） 東京五輪（1964） 公害対策基本法（1967） 四大公害訴訟（水俣病、第二水俣病、イタイイタイ病、四日市喘息　1967~69） 10・21新宿騒乱（1968） 日大闘争（1968） 日本GNP世界2位（1968）	『菩薩は何を為すべきか』（1960） 『秘められたる神示』（1961） 生政連結成（1964） 『我ら日本人として』（1966） 『日本を築くもの』（1967） 『古事記と現代の預言』（1968） 『憲法の正しい理解』（1968）

1970年（昭和45年）	デタント	中ソ国境紛争（1969） ニクソン・ショック（1971-72） 米中国交正常化（1972） 第一次石油危機（1973-74）	東大安田講堂封鎖事件（1969） 日米安保自動延長（1970） よど号ハイジャック事件（1970） 三島由紀夫事件（1970） 環境庁設置（1971） 沖縄返還（1972） 札幌五輪（1972） あさま山荘事件（1972） ロッキード事件（1976） 日中平和友好条約（1978）	『占領憲法下の日本』（1969） 『続占領憲法下の日本』（1970） 『占領憲法下の政治批判』（1971） 『諸悪の因　現憲法』（1972） 『美しき日本の再建』（1972） 谷口雅春夫妻長崎に移住（1975） 龍宮住吉本宮・出龍宮顕斎殿落慶、九州別格本山から生長の家総本山へ改称（1978） 『神の真義とその理解』（1979）
1980年（昭和55年）	新冷戦	イラン革命（1979） 中越戦争（1979） スリーマイル島原発事故（1979） ソ連のアフガニスタン侵攻（1979） 第二次石油危機 イラン・イラク戦争（1980-88）		龍宮住吉霊宮、温故資料館落慶（1981）

	大韓航空機撃墜事件（1983）		生政連活動停止（1983）
			『大和の国日本』（1983）
	チェルノブイリ原発事故（1986）	中曽根首相靖国神社公式参拝（1985）	谷口清超総裁襲任（1985）
	大韓航空機爆破事件（1987）	リクルート事件発覚（1988）	『新しい開国の時代』（1989）
1990年（平成2年）	ベルリンの壁崩壊／冷戦終結（1989）		
	ペルシャ湾岸戦争（1990-91）		
	ソ連崩壊（1991）		
	ユーゴスラビア紛争（1991-2000）		『歓喜への道』（1992）
	EU成立（1993）	細川内閣（日本新党）成立（1993）	
	南ア、アパルトヘイト撤廃（1994）	阪神淡路大震災（1995）	
		地下鉄サリン事件（1995）	
	香港返還（1997）	長野五輪（1998）	
2000年（平成12年）	アメリカ同時多発テロ（2001）	環境省設置（2001）	

2010年(平成22年)		ブッシュ・ドクトリン(2002) イラク戦争(2003-2010) 第三次石油危機(2004-2008) リーマン・ショック(2008) 世界人口70億人(2011)	自衛隊イラク派遣決定(2003) 防衛省設置(2007) 鳩山内閣(民主党)成立(2009) 東日本大震災、福島第一原発事故(2011)	谷口雅宣総裁襲任(2008) 国際本部が東京から八ヶ岳に移転(2013)

【参考文献】

谷口雅宣、谷口純子著『〝森の中〟へ行く——人と自然の調和のために生長の家が考えたこと』（生長の家、二〇一〇年）
谷口雅宣著『次世代への決断——宗教者が〝脱原発〟を決めた理由』（生長の家、二〇一二年）
谷口雅春著『聖経 真理の吟唱』（日本教文社、一九七二年）
ワールドウォッチ研究所『地球環境データブック 2011-12』（ワールドウォッチ ジャパン、二〇一二年）
谷口雅春著『第二青年の書』（日本教文社、一九五九年）
谷口雅春著『占領憲法下の日本』（日本教文社、一九六九年）
谷口雅春著『続 占領憲法下の日本』（日本教文社、一九七〇年）
谷口雅春著『美しき日本の再建』（日本教文社、一九七二年）
谷口雅春著『諸悪の因 現憲法』（生長の家政治連合本部、一九七二年）
生長の家本部編『新編 聖光録』（日本教文社、一九七九年）
谷口雅春著『神の真義とその理解——住吉大神顕斎の意義』（日本教文社、一九七九年）
谷口雅春著『祕められたる神示——神示講義〈祕の巻〉』（日本教文社、一九六一年）
谷口雅宣著『信仰による平和の道——新世紀の宗教が目指すもの』（生長の家、二〇〇三年）
谷口雅宣著『生長の家ってどんな教え？——問答有用、生長の家講習会』（生長の家、二〇一二年）
谷口雅春著『生命の實相』頭注版第三十九巻佛教篇（日本教文社、一九六六年）

『聖書』（日本聖書協会、一九六二年）
谷口雅春著『聖経 甘露の法雨』（日本教文社、一九四八年）
谷口雅春著『聖経 天使の言葉』（日本教文社、一九四八年）
谷口雅春著『新講「甘露の法雨」解釈』（日本教文社、一九七五年）
谷口雅春著『新版 ヨハネ伝講義』（日本教文社、一九九七年）
谷口雅春著『新版 真理』第四巻青年篇（日本教文社、一九九九年）
谷口雅宣著『宗教はなぜ都会を離れるか？――世界平和実現のために』（生長の家、二〇一四年）
谷口雅宣監修『歴史から何を学ぶか――平成十五年度 生長の家教修会の記録』（生長の家、二〇〇四年）
谷口雅春著『新版 善と福との実現』（日本教文社、二〇〇七年）

谷口雅宣（たにぐち・まさのぶ）

1951年、東京都生まれ。青山学院大学法学部卒、米国コロンビア大学修士課程修了（国際関係論）。新聞記者を経て、2009年から生長の家総裁。現在、国内各都市で開かれる生長の家講習会の講師等をしている。著書に『大自然讃歌』『観世音菩薩讃歌』『宗教はなぜ都会を離れるか？』『生長の家ってどんな教え？』『次世代への決断』『"森の中"へ行く』（共著）『衝撃から理解へ』『日々の祈り』（いずれも生長の家刊）などがある。

誌友会《しゆうかい》のためのブックレットシリーズ4

戦後の運動の変化について

2017年1月31日　初版第1刷発行

著　者　谷《たに》口《ぐち》雅《まさ》宣《のぶ》
発行者　磯部和男
発行所　宗教法人「生長の家」
山梨県北杜市大泉町西井出8240番地2103
電　話（0551）45-7777　http://www.jp.seicho-no-ie.org/
発売元　株式会社　日本教文社
東京都港区赤坂9丁目6番44号
電　話（03）3401-9111
ＦＡＸ（03）3401-9139
頒布所　一般財団法人　世界聖典普及協会
東京都港区赤坂9丁目6番33号
電　話（03）3403-1501
ＦＡＸ（03）3403-8439
印刷・製本　東港出版印刷
装　幀　J-ART

本書の益金の一部は森林の再生を目的とした活動に寄付されます。
本書の紙は、ＦＳＣ®森林管理認証を取得した木材を使用しています。

落丁・乱丁本はお取替えします。
定価は表紙に表示してあります。

ISBN978-4-531-05915-7

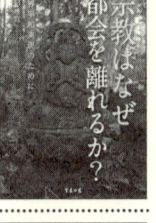

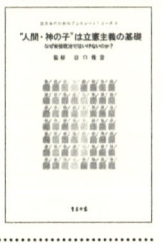

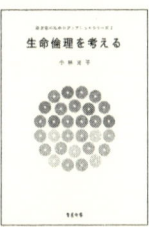

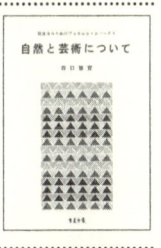